# Success15 fifteen

サクセス15 February 2016 **2**

http://success.waseda-ac.net/



## CONTENTS

# 高校受験の成功は中1からのスタートダッシュがカギ!!

## ●中1コース開講までの流れ

~中学校の勉強はトップクラス。部活も充実。輝く中学生活を手に入れよう。~

**STEP 1　1月**
算数　国語
**小6 総まとめ講座**
算数: 速さ・割合・図形の総まとめで算数を定着!
国語: 論説文・物語文・韻文の最終チェックで実力アップ!

**STEP 2　2月・3月**
英語　数学
**中1 準備講座**
中学校の勉強の最初の山である英語と数学で一歩リードしよう!

**STEP 3　3/19(土)**
無料
**学力 診断テスト**
算数(数学)・国語・英語・理科・社会の定着度を総合的に診断します。

**STEP 4　3月・4月**
英語　数学　国語
**春期 講習会**
■ 英・数・国を先取り実施。ライバルたちに一歩リード!
■ 自信をもって中学生活をスタート! 勉強が好きになる!

**STEP 5　4月**
英語　数学　国語　理・社
**中1 コース開講**
■ 中1の間に学習習慣を身に付ける!
■ はじめての定期テストで成功する!

英語と数学の先取り学習! この2ヶ月が大きな差となる!

# 中1準備講座　2月・3月 実施

## 英語 カリキュラム

### 英語が必ず好きになる充実した授業

会話表現として学習することが多かった小学校での英語の学習を、高校受験に向けた英語の学習につなげていきます。中学校に入学したときにスタートダッシュができるように、発展学習では一般動詞の学習まで行います。早稲アカ中１準備講座で、英語の学習に差をつけよう!

スタンダード: 第1ターム → 第2ターム
アドバンス: 第1ターム → 第2ターム

| | カリキュラム | 内容 |
|---|---|---|
| 1 | 英語の世界へようこそ | アルファベット/単語の学習 |
| 2 | 身の回りの単語 | 単語の学習/冠詞/所有格 |
| 3 | 英語で文を作ろう | be動詞/thisとthat |
| 4 | 英語で質問しよう① | What ~?/or |
| 5 | 英語で自己紹介 | I am ~./You are ~. |
| 6 | 英語で友だちを紹介しよう | He is ~./She is ~./be動詞のまとめ |
| 7 | 様子をあらわす単語 | 形容詞/数字 |
| 8 | 英語で質問しよう② | Who ~?/Whose ~? |
| 9 | 英語で数えてみよう | 名詞の複数形/How many ~?/someとany |
| 10 | 私はりんごを持っています① | 一般動詞の否定文・疑問文(1人称・2人称) |
| 11 | 私はりんごを持っています② | 一般動詞の否定文・疑問文(3人称) |
| 12 | 総合演習 | be動詞・一般動詞の復習 |

## 数学 カリキュラム

### 算数から数学への橋渡し!

中1で最初に習う『正負の数』から『方程式』までを学習します。中でも正負の数・文字式は、中1の1学期の中間・期末テストの試験範囲でもあります。算数嫌いだった人も数学がきっと好きになります。
中学受験をした人は発展カリキュラムで中1の内容を先取りします。

スタンダード: 第1ターム → 第2ターム
アドバンス: 第1ターム → 第2ターム

| | カリキュラム | 内容 |
|---|---|---|
| 1 | 正負の数① | 正負の数の表し方・数の大小・絶対値 |
| 2 | 正負の数② | 加法と減法、加減が混じった計算 |
| 3 | 正負の数③ | 乗法と除法、乗除が混じった計算、累乗と指数 |
| 4 | 正負の数④ | 四則混合計算、正負の数の利用 |
| 5 | 文字と式① | 積と商の表し方、四則混合の表し方 |
| 6 | 文字と式② | 数量の表し方、式の値 |
| 7 | 文字と式③ | 1次式の計算 |
| 8 | 文字と式④ | 文字式の利用 |
| 9 | 方程式① | 等式の性質、方程式の解き方 |
| 10 | 方程式② | かっこを含む計算、小数・分数を含む計算、比例式 |
| 11 | 方程式③ | 文章題(数・代金・個数など) |
| 12 | 方程式④ | 文章題(速さ・割合・食塩水など) |

レベル別クラス　既習内容によってクラスをレベル別に設定。　スタンダード　主に塾に通うのがはじめての方　アドバンス　すでに勉強をはじめてる方。主に中学受験経験者。

## 中1準備講座実施要項

**日程**
第1ターム
2月　10(水)・12(金)・17(水)・19(金)・24(水)・26(金)
第2ターム
3月　2(水)・4(金)・9(水)・11(金)・16(水)・18(金)

**時間**
東京・神奈川/17:00~18:40
多摩・埼玉・千葉・茨城/17:10~18:50

**費用**　各ターム▶ 2科 9,400円　単科 5,200円

**会場**　早稲田アカデミー各校舎
※校舎により授業実施日・時間帯等が異なる場合があります。
※詳しくは最寄りの早稲田アカデミー各校舎にお問い合わせください。

**特別割引料金**　半額で中1準備講座を受講できる!
① 2015年12月または2016年1月のSコース/Tコース/Kコースの塾籍のある方。② 2016年2月17日までに4月からの入塾手続きをした方。
※① ②のどちらかの条件を満たす方が対象となります。

早稲田アカデミー

早稲アカの準備講座は一味違う！

# 目指すゴールは、一歩上行くハイレベル！

# 新中1コース 開講のご案内

塾がはじめての公立小6生　難関高合格を目指す小6生　私国立中に進学する小6生

| | |
|---|---|
| 1月 | 小6総まとめ講座 |
| 2月 3月 | 中1準備講座 |
| 3/19 | 学力診断テスト |
| 3月 4月 | 春期講習会 |
| 4月 | 中1コース開講 |

## 早稲アカなら 中1スタート時に 偏差値40～50台の生徒が 難関校に合格できる!!

**偏差値70以上が必要とされる**
**開成　国立附属　早慶附属 に**
**進学した生徒の中1当時の偏差値は**

**5割以上が**
**40台～50台でした。**

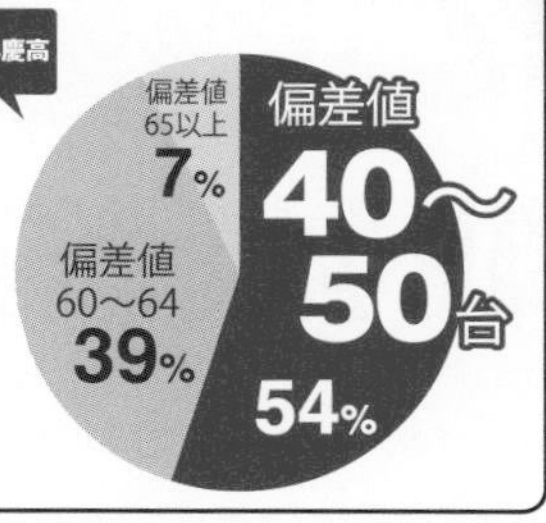


中1・5月までに入塾し、2015年入試で開成・国立附属・早慶附属高に進学した生徒の中1の時の偏差値分布

**偏差値65以上が必要とされる**（開成・国立・早慶高を除く）
**私立難関　都県立難関 に**
**進学した生徒の中1当時の偏差値は**

**77%が**
**40台～50台でした。**

中1・5月までに入塾し、2015年入試で開成・国立附属・早慶附属高を除く偏差値65以上の難関校に進学した生徒の中1の時の偏差値分布

## 新中1入塾キャンペーン

4月からの入塾なら
早めのお申し込みがお得!

※詳細は早稲田アカデミーホームページ
または最寄りの校舎にお問い合わせくださ

① 4月・5月授業料 各月 **5,000円割引**
※2016年2月17日までに4月からの中1基本コース入塾手続きをされた方が対象となります。

② 4月授業料 **5,000円割引**
※2016年3月26日までに4月からの中1基本コース入塾手続きをされた方が対象となります。

## いよいよ本番！

# 高校入試総まとめ

冬休みが終わり、いよいよ高校入試の本番がすぐそこまで近づいてきました。
「その日」を迎えるまでの過ごし方について生活面、
勉強面の両面からアドバイスします。
できる限りのことをして、悔いのないように当日を迎えましょう。

## 生活編

### Q ご飯を食べるのが面倒です

**A 3食しっかり食べることで万全の体調管理を**

本番が近づけば近づくほど「ご飯を食べる時間がもったいない」「少しでも長く勉強していたい」と思い、サプリメントや栄養食品などで簡単に食事をすませる人もいるかもしれません。しかし、毎日３食栄養バランスのよい食事をとることは、万全の体調で試験に臨むためにも欠かせません。

食事面で気をつけてほしいのは、「試験に勝つ」とかけて、試験前日にトンカツを食べるなど、脂っこいものを食べすぎてしまうことです。当日胃もたれを起こして、試験に集中できなくなっては困ります。試験前日の食事は、くれぐれも食べ過ぎないように、普段より少なめくらいの量にしておくのがいいでしょう。また、刺身や貝類など、食中毒のおそれがある生ものも避けた方が安心です。緊張して食欲がないときは、おかゆや野菜スープなどの温かく消化のよいものをとると、身体もホッと温まりますし、胃腸に負担もかからないのでおすすめです。

### Q 普段の生活で気をつけることは？

**A 病気予防をしっかりと**

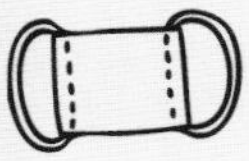

健康管理はなによりも重要です。受験期は風邪やインフルエンザ、ノロウイルスなどが流行しやすいので、これらにかからないように細心の注意を払いましょう。

まず、加湿器などを使用して部屋の乾燥を防ぎましょう。鼻やのどの粘膜が乾くと、ウイルスを防ぐ働きが弱まってしまいます。加湿器がない場合は室内に洗濯物を干したり、水を張ったりすることでも代用できます。

そして、外出するときはマスクの着用を忘れずに。飛沫感染やのどの乾燥を防ぐことができます。合わせてマフラーや手袋で防寒対策もしっかりとしてください。

そして、帰宅後は手洗いとうがいを必ずするようにしましょう。手は、指と指の間といった細かい部分まで石鹸を使ってしっかりと洗うこと。また、家族間でウイルスが感染することもありえますので、できることなら家族でタオルを共有せずに、ペーパータオルや１人ひとり別のタオルを使うといいでしょう。

## Q 入試のことを考えると不安…

### A 不安を紙に書き出してみましょう

緊張が高まるこの時期は、肩の力を抜いてリラックスして過ごしましょう。特別なことはせず、普段通りの生活を心がければ大丈夫です。

それでも「全然勉強量が足りないんじゃないか」「問題用紙を前にして頭が真っ白になってしまったらどうしよう」など、試験のことを考えると不安な気持ちになってしまいますよね。

そんなときにおすすめなのが、不安に思う気持ちを紙に書き出してみることです。アメリカのある大学の実験では、気持ちを書き出すだけで不安が解消され、成績が向上したことが証明されているそうです。思いついたことをとにかくどんどん書いてみましょう。

もちろん、「これだけ勉強してきたのだから大丈夫」と自分で自分を励ますことも効果的です。これまでみなさんがどれだけ頑張ってきたか、その努力は自分が一番よくわかっているはずです。

## Q いまからでも朝型にするべき？

### A さっそく今日から改善しましょう

夜遅くまで勉強するのが習慣になっている人は、できるだけ早めに朝型の生活に変えていきましょう。一般的に、人間の脳がきちんと働き出すのは、起床後２～３時間経ってからと言われています。入試は午前中に始まるので、夜型のままで朝起きるのが遅いようでは、頭がぼーっとした状態で試験を受けることになってしまいます。これでは持っている実力を十分に発揮できません。

なかには、入試の日だけ頑張って早起きすればいいのでは、と思う人もいることでしょう。しかし、普段夜型の生活を送っている場合、試験当日だけ無理に早起きをしても睡眠不足で思うように頭が働かない可能性があります。

朝型の生活に改めるのは、いまからでもまだ間に合います。試験が始まる２～３時間前に起床できるように、少しずつ就寝時間と起床時間を早めていき、無理なく朝型に変えていきましょう。

## Q 息抜きをしてもいいですか？

### A 頑張り続けるためにも息抜きは大切

どんなに勉強が好きな人でも、知らず知らずのうちにストレスが溜まってきているはずです。どうしても集中力が続かないときもあるでしょう。そんなときにだらだらと勉強を続けていてもあまり効果はありません。気持ちを新たに勉強するためにも、思いきってリフレッシュの時間をとり、息抜きすることは大切です。

軽い運動をしたり、好きな音楽を聴いたり、これまで受験勉強を頑張ってきたごほうびとして自分の好きなことをやってみてください。ただし、漫画やテレビ、インターネットなどは、気づいたら長時間経っていた…ということになりがちなので、気分転換としてはあまりおすすめできません。どうしてもしたい場合は、休憩時間をあらかじめきちんと決めておき、時間が来たら勉強に戻るようにしましょう。

息抜きをうまく取り入れることでメリハリがつき、いま以上に勉強がはかどるようになりますよ。

## Q モチベーションが下がり気味です

### A 合格後をイメージしてみて

モチベーションが下がってきたと感じるときは、志望校に合格して楽しい高校生活を送っている自分をイメージしてみてください。文化祭や体育祭などの行事で熱く盛りあがったり、部活動に没頭し大会での勝利をめざしたり…。学校見学で出会った先輩たちのように、いきいきと高校生活を送っている自分を想像したら、それだけでやる気が復活してきませんか？

塾の自習室に行って友だちが頑張って勉強している姿を見るのもいいかもしれません。勉強を頑張っているのは自分だけではないのだということを改めて実感しますし、もしその友だちと同じ高校に行こうとしているなら、いっしょに合格したいという思いでなおさら勉強にも熱が入ることでしょう。

どうすればモチベーションがあがるかは人それぞれ異なります。自分に合ったモチベーションアップの方法を見つけて、試験本番までやる気を持続させましょう。

# 勉強編

## Q 各教科の勉強はどんなことをすればいいですか？

### 数学

#### A 本番で焦らないための準備を

とくに数学が得意でない人は、入試直前期に入ってくることで焦る気持ちが出てくるのは当然です。

だからといって新しい問題集や参考書などに手を出すのはやめましょう。この時期だからこそ、これまで取り組んできた問題集などに引き続き取り組み続ける方がベターです。

また、過去問演習を繰り返すことで、志望校それぞれの出題傾向がわかってきているはず。残りの期間は、制限時間内に解ききるためにどうすればいいかを見極めることにも力を入れましょう。いつも大問１から解くのではなく、問題全体を確認して解ける問題から解いていく、１つの問題にかかりきりにならない、残り時間が少なくなったときに、まだ解いていない問題に挑戦するのか、それとも見直しに使うのか、といった対応策を準備しておけば、本番でパニックになる可能性を減らすことができます。

### 国語

#### A 最後までやり続けよう

直前期に詰め込んで、突然成績があがるという教科ではないのが国語です。

では、これからやっても意味がないのかというと、そうではありません。これまで積み重ねてきた勉強は確実に力になっているはずですから、直前期においても、諦めずに過去問を中心に問題演習を続けることが大切です。なかでも、読解問題を苦手とする人は、ギリギリまで時間配分を意識して、どう問題に取りかかるのが自分にとって効率的かを考えるようにしましょう。

そして、国語においても勉強したことが得点に結びつきやすい分野はあり、それは漢字や熟語などの知識を問う問題です。学校ごとに配点や出題傾向などは違いますが、やっただけ目に見えて得点に結びついてくるという点において重要です。知識問題、とくに漢字をしっかりと勉強しておけば、記述式問題の解答で誤字のために減点されるというようなことも防げるでしょう。

### 社会・理科

#### A どちらの教科も総まとめが効果的<br>過去問演習で傾向把握もしておこう

社会と理科が必要な学校を受験する人にとっては、直前期でもできることはまだ十分にあります。どちらも、新しいことを無理に詰め込むよりも、これまでの総まとめを行うのが効果的。これまでに使ってきた学校や塾のテキストなどに加えて、総まとめ的な問題集、参考書を使用するのがいいでしょう。

いままでに受けた模擬試験の見直しも効果があります。正答できなかった部分を中心に見直してみてください。なぜ誤ったかを入試直前期に改めて検証しておくことで、頭に残りやすくなり、同じような失点を防ぐ助けになることでしょう。

また、時間に余裕があって、まだ志望校の出題傾向がつかみきれていない人は、過去問演習も忘れずに。両教科とも、どんな分野の問題がどんな形で出題されやすいかを把握できていれば、総まとめも行いやすくなるからです。

### 英語

#### A 長文読解の時間配分に注意

まず、国語同様に英単語などの知識問題の演習は行い続けるようにしましょう。点数に結びつくうえ、長文読解や英作文でのミスを減らすことにもなります。

過去問演習においては、これまで以上に入試本番を意識して取り組んでください。そうしたなかでケアレスミスを減らす意識も持っておけば、もったいない失点は防ぐことができるようになります。

苦手とする人が多い長文問題については、これまで使ってきた問題集や過去問を何度も解くことが、できるようになる一番の近道です。各志望校の出題傾向もつかめてきているはずですので、長文問題にどれぐらいの時間がかけられるかということを頭に入れながら取り組みましょう。また、長文中にわからない単語が出てきたときに、前後の言葉や文脈で把握できるように訓練しましょう。そうした訓練と、必要な単語力が身についていれば、本番でも焦らずに対応できるはずです。

## Q ケアレスミスを減らしたい

### A ミスにはパターンがある それを分析して適切な対策を

ケアレスミスを減らすために大切なポイントとなるのが、「次は気をつけよう」「見直しをすればなくせる」と思っているだけではあまり効果がないということです。

じつはケアレスミスには以下のようなパターンがあります。①「油断、慢心」、②「緊張、焦り」、③「思い込み」、④「見切り発車」、⑤「疲労、集中力の低下」の５つです。①は問題を見て「よし、できそうだ」と思ったときほど、②は適度な度合いを超えて緊張したり、わからない問題で焦ったときに、③は設問を少し読んだだけで解き始めたりしたときに、④は「これが解けそうかどうか」を考えずに大問などに取り組み始めたときに、⑤はこれまでの疲労の蓄積や試験日の最終教科などで集中力が低下したときなどに、それぞれ起こりやすくなります。ケアレスミスが多い人は、まず自分でどのパターンが多いかを分析してみてください。それがわかれば、おのずと減らす方法も見えてきますよね。

## Q 得意、不得意どちらを勉強すべき？

### A どちらも正解ですが 勉強方法に気をつけて

学校や塾の先生に聞いてみると、ある先生は「まだできていない（不得意な）部分の勉強をしなさい」と言うでしょう。でも別の先生は「確実に点数が取れるように、得意な部分の確認をしよう」と言うかもしれません。

入試直前期においては、どちらも間違いではありません。ただ、例えば不得意な教科（単元）の勉強をしようとして、自分には難しいレベルの問題集に取り組んでみても、間違いは多いでしょうし、解説を読んでも理解するのに時間ばかりがかかってしまう可能性があります。これは効率的とはとても言えません。要するに、得意、不得意のどちらを勉強すべき、というものはありませんが、する際には効率的に行うことが大切なのです。

得意な部分は、さらに伸ばすために小さなミスをつぶしていく総まとめをする。不得意な部分はこれまでの模試や過去問で間違った部分に再度取り組むといった形がいいでしょう。

# 前日編

## Q 試験の前日はどう過ごせばいいの？

### A 普段通りに過ごすのが一番。ただし、夜は早めに就寝を

本番を明日に控えた試験前日を過ごすうえで大切なのは、「普段通りの生活」を心がけること。前日は、みなさんが想像する以上に、心と身体は緊張しています。「学校を休んで受験勉強をする」など普段と異なる行動をすることは、自分で思うよりも負担となる可能性があり、緊張感を増幅させたり、疲れによる体調不良を招く場合もあります。時間の許す限り勉強をしたい気持ちも、やる気を鼓舞させたい気持ちもわかりますが、ベストな状態で受験に臨むことを第一に考えるのであれば、いつもと変わらずに普段通りに過ごすことが一番です。

受験生を激励するために、保護者の方が夕食にごちそうを用意してくれる場合もあるかもしれませんが、６ページでも触れたように、食べ過ぎには注意してください。身体が緊張していると、胃腸の働きが悪くなることもありますので、前日の食事や当日のお弁当には、消化のよい料理をお願いしておくのもよいでしょう。

前日の勉強も、簡単な確認をサッと済ませる程度にします。あまり熱心に勉強すると、やり残した部分や苦手分野などが気になり始め、不安になってしまうかもしれませんので、あくまでサッと程度で十分です。実際に志望校に合格した先輩たちからも、「前日は軽い確認程度で終わらせた」という体験談が多く聞けました。志望校の過去問、英単語帳、いつも使っているテキスト、自作のまとめノートなど内容も人によってさまざまですので、とくに決まりはありません。

そして、当日に響かないように夜は早めに就寝します。もし緊張して寝付きが悪くても焦らないでください。今月号の「和田式教育的指導」（26〜27ページ）に、眠れないときの対処法が載っていますので、心配な方はこちらも併せて確認しておけば安心です。

ただし、寝る前に明日の準備（持ちもの、起床時間・出発時間の確認など）は完了させておきましょう。

# 当日編

## Q 試験当日のトラブル対処法を教えてください

### A よくあるのは忘れものや交通機関の遅延。事前に対処法を確認しておけば安心

試験当日のよくあるトラブルと言えば、公共交通機関の遅れによる遅刻、忘れもの、突然の体調不良などが考えられます。ちょっとした心がけで防げることが多いのですが、それでもこれらのトラブルに陥ってしまったときのために、対処方法を紹介します。

まず、電車やバスなどの公共交通機関の遅れによる遅刻です。当日早めに家を出発しておけば、多少遅延しても安心です。とくにバスは道路の混雑状況で遅れが出やすい交通手段ですので、余裕ある行動が必要です。

それでも遅刻してしまうという場合は、慌てずに受験校に電話で連絡をします。間に合わない受験生はあなた以外にもいると思われますので、学校は必ず対応してくれます。その際には駅の改札口で「遅延証明書」をもらってください。バスの場合は運転手さんに尋ねましょう。

また、受験期は降雪などで公共交通機関に影響が出ることがよくある時期です。前日には天気予報のチェックも忘れないようにしてください。

もし受験票や筆記用具などの忘れものをしてしまったときは、速やかに受験校の試験官や担当者に申し出ましょう。なんらかの対応をとってくれるはずです。このように、受験票がなくても受験はできますが、慌ててしまいますし、本来ならばあってはならないことです。当日の持ちものは必ず前日に準備しておきましょう。複数校受ける場合、受験票を取り違えないように学校ごとにクリアホルダーに入れておくなど、工夫をしてください。

試験当日に急に体調が悪くなったときは、こちらもすぐに試験官や担当者に申し出ましょう。保健室での受験を許可してくれる場合もあります。体調が万全でなくても諦めない気持ちが大切です。もちろん、症状がひどい場合は決して無理はしないこと。また、ほかの受験生へうつらないようにマスクをするなど、周りへの配慮も忘れないようにしてください。

## Q 試験前に緊張しそうで不安です

### A 緊張していると感じたら 逆に落ち着いていると考える

試験当日は、お守りや、自分の信頼している人に書いてもらった励ましの言葉など、自分が安心できるものを持っていくのがおすすめです。そうしたものがあることで不安も軽くなり、試験に集中できるはずです。

また、自分が笑顔になれるお気に入りの写真や絵などを持っていくのも有効です。笑うことでリラックスして、緊張を吹き飛ばしましょう。

しかし、いざ試験が始まるとなったら、だれでも緊張するものです。緊張して頭が真っ白になったらどうしようと思う人もいるでしょう。そんなときは、「自分は緊張している」と感じることができているから、意外に落ち着いているんだと考えるようにしましょう。なぜなら本当に緊張している人は、緊張していることにも気づかないはずだからです。

試験は一発勝負。「自分はできる」と自信を持って、実力を存分に発揮しましょう。

## Q 休み時間の過ごし方を教えてください

### A 早い段階でトイレに行き 席で静かに過ごしましょう

休み時間は、早めにトイレを済ませ、心を落ち着かせる時間にしましょう。トイレは、混むことも多いので、できるだけ早い段階で行っておくと安心です。

友人が同じ試験会場にいた場合、終わった科目について話したいという気持ちになるかもしれませんが、解答が異なっていたり、自分がわからなかった問題を相手が解けていたりしたら、ショックを受けて次の科目に悪影響を与える可能性もあります。話す場合は、軽く励ましあう程度にとどめ、自分の席で静かに過ごしましょう。

また、終わった試験があまりできず、落ち込んでいたとしても、休み時間の間に気持ちを切り替えておきます。１科目失敗したと思っても、ほかの科目があります。しかし、次の科目で失敗を取り返そうと気負いすぎるのも考えものです。元々すべての科目で全力を出そうと頑張っているのですから、あまりプレッシャーを感じすぎず次の科目に臨む方がいいでしょう。

## Q 面接で気をつけることを教えてください

### A 明るくハキハキと自分の言葉で話すことが肝心

面接は、学校の雰囲気を感じられ、学校の先生に入学したいという気持ちを直接伝えられるチャンスです。

緊張するかもしれませんが、入室から退室までの流れを知っておけば安心です。入室する際は、ドアが閉まっている場合は、軽くノックをして入ります。部屋に入ったら、一礼をして、イスの左側へ進み、指示を受けてから座ります。背もたれに背中がつかない程度に腰かけ、あごを引き、背筋を伸ばし、手はヒザの上に置きます。

面接官の質問には、敬語で明るくハキハキと答えましょう。一番重要なのは、自分の考えを自分の言葉で伝えることです。多くの場合、「志望動機」を聞かれますので、願書に書いた内容を事前に確認しておきましょう。

面接が終わったら、イスの左側に立ち一礼、ドアの前でもう一度礼をしてから部屋を出ます。入室の際にドアが開いていた場合は閉める必要はありません。控え室に戻っても、ほかの人と話すのは厳禁です。

## Q これまでの出題傾向と変わっていたら？

### A 出題は勉強した範囲から１問解いて気持ちを楽に

過去問でしっかりと対策をしていたのに、出題傾向がガラリと変わっていたら、パニックに陥るかもしれません。しかし、動揺しているのはあなただけではありません。ほかの受験生も同じです。そして、出題傾向が変わっていたとしても、必ず自分が勉強した範囲から出題されていると考えを切り替えましょう。

まず、問題全体を見て、記述問題や記号問題が、それぞれどのくらいあるのか確認して時間配分を考えます。そうすることで、最後に時間が足りなくなって、すべての問題を解くことができなかったということも起こりにくくなるはずです。

問題を解き始める際は、簡単な問題や、自分の解きやすい問題から解いていくのもいいでしょう。易しい問題から始めて、１問でも解ければ、それをきっかけに気持ちがスーッと楽になるはずです。たとえ、出題傾向が変わっていても、まずは落ち着くことが大切です。

## Q 明日も試験。どのように過ごすべきですか？

### A 気持ちを切り替えて翌日に備える

試験が続いている場合は、帰宅後、翌日の試験のための勉強をしたいですよね。しかし、右の質問でもお伝えしたように、試験当日は心身ともに、自分が思っているよりも疲れています。ですから、まずは身体をリラックスさせることが一番です。

しかし、次の日の試験も気になるでしょうから、苦手な分野や単語を確認したり、まとめノートを見るなど、最小限の勉強をして、できるだけ身体に負担のかからないように、早めに休むことをおすすめします。

また、その日の試験がうまくいかなかった場合は、気持ちが落ち込んでしまうかもしれません。できる範囲で、その日の問題の振り返りを行い、翌日の試験に向けてポジティブに気持ちを切り替えましょう。

もし万が一、残念な結果が出てしまったとしても、受かった学校が自分の行くべき学校なのだと前向きに考えられるようにしましょう。

## Q 帰宅後に入試問題を解き直した方がいい？

### A 復習は最小限にとどめ身体を休めることを第一に

試験が１つ終わると、ホッとすると同時に、その日の試験で何割くらい正解していたのか、あの問題の答えはあれでよかったのかと、色々と気になりますよね。問題を解き直したいと思う人もいるでしょう。

とくに、試験がうまくいかなかった場合は、家に帰ってから、必要以上にその日の試験の復習に時間を割きがちになるものです。しかし、それはあまりおすすめできません。

もちろん、試験の見直しをしてはいけないわけではありませんが、試験当日は、１日緊張した時間を過ごすことになります。9ページの試験前日の項と同様に、自分が実際に感じているよりも、精神的にも身体的にも、とても疲れているはずです。復習は最小限にとどめ、疲れを取り除くことを第一に考える方がいいでしょう。

試験当日は早めに帰宅し、身体をゆっくりと休めるように心がけましょう。

# 東大への架け橋

VOL.11

text by ゆっぴー

## 直前期の不安とうまくつきあうコツ

東大受験1カ月前のある日、入試本番で苦手な数学の問題がまったく解けず、頭が真っ白になってしまうという変な夢を見ました。朝起きてこれが夢だったと気づいたとき、とてもほっとしましたが、入試で頭が真っ白になる感覚は自分のなかに鮮明に残り、本番もそうなってしまうのではないかと本当に不安になりました。

受験生のみなさんも、入試を目前に控えて、多かれ少なかれなにかしらの不安を感じているはずです。かつての私のように「試験で失敗したらどうしよう」という不安を抱えている人も少なくないでしょう。そこで今回は、直前期の逃れようのない不安とどうつきあっていたかを紹介します。

まず私が意識していたことは、頭のなかを「無」にして淡々と問題を解くということです。それまでの模試を振り返ってみると、不安や期待などの感情を抱いていたときは、簡単な問題でミスしたり、解けるはずの問題が解けないことが多くありました。逆に、なんの感情も抱かずに問題を解くことに夢中になれたときは、いい結果が残せていたんです。そこで、直前期には感情をなるべく排除した状態で問題に取り組むようにしていました。頭のなかを「無」にするためによくやっていたのが、問題を解き始める前に目を閉じて、頭のなかの考えごとを意識的にすべて止めるという方法です。イメージとしては、頭のなかにある考えごとを、電気を切るように1つひとつ切っていくような感じです。この方法は緊張していた入試本番でも実行し、気持ちを落ち着かせるのに役立ちました。

そしてもう1つ、不安解消に欠かせなかったのが、友人・家族・先生など信頼の置ける人に話を聞いてもらうことです。不安を抱え込むのではなく、思いきって外に出すことで、気持ちの整理がつくことがよくありましたし、ときには思いもよらぬアドバイスをもらえることもありました。例えばある先生に「不安な気持ちを持つことは決して悪いことではなく、ここまで真剣にやってきた証だよ」というアドバイスをもらったことで、気持ちがふっと楽になり、自信を持ってラストスパートをかけることができました。

入試直前期に不安になるのはみんないっしょです。私の経験を参考にして不安な気持ちとうまくつきあい、本番まで決して諦めずに実力を伸ばし続けてください!

### ゆっぴーの大学生活

年末の忘年会シーズン。私にとって嬉しい再会がありました。それは、中高で同じ塾だった仲間との再会です。高校を卒業して早4年、もうすぐ大学を卒業して働き始める人もいるということで「学生のうちにみんなで集まろう!」となったのです。

こう言うと元々仲がよかったように聞こえますが、じつは通塾当時は同じ学校の人同士で固まっていたため、他校の人とはあまり交流はありませんでした。でも、毎週2回、同じ授業を受けていたことで、いつの間にか思い出も共有されていたようです。当時の塾の先生の口癖や、男子が女子のことをどう思っていたかなど、懐かしい話で大いに盛りあがりました。数年前同じ教室にいた仲間といまやお酒を酌み交わしていることに驚くと同時に、それぞれがしっかりと自分の道を歩んでいる姿を見てなんとも嬉しい気持ちになりました。塾に通っているみなさんは、ぜひいまの塾仲間を大切にしてください。大人になったとき、学校の友人とはひと味違った大切な友人になるかもしれません。

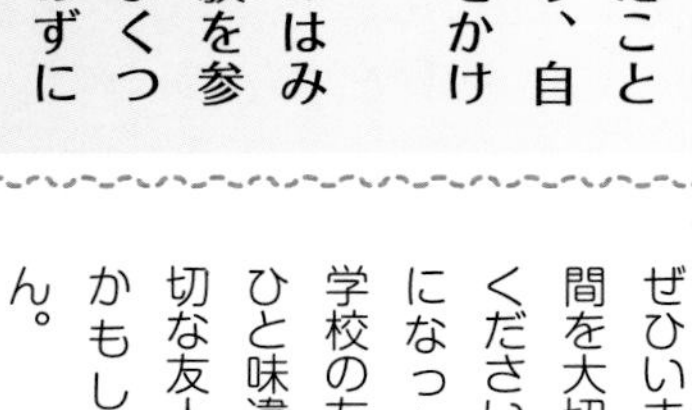

中高時代の塾仲間たちとの再会

**現役東大生・ゆっぴーに答えてほしい質問を大募集!**
**あなたの質問にゆっぴーが答えてくれるかも?**

QRコードからも!!

あて先　〒101-0047 東京都千代田区内神田2-4-2 グローバル教育出版 サクセス編集室
FAX：03-5939-6014　e-mail：success15@g-ap.com まで質問をぜひお寄せください!

学んで、受けて、力になる！

# 中学生のための検定ガイド

**中学生のみなさんにぜひ受けてほしい
各種検定を紹介します！
漢検や英検以外にも、
中学生が受検できる検定は
たくさんあるので、
学力＆能力アップに役立ててください。**

この特集では、検定試験の魅力をお伝えします。

魅力その1は、各自のレベルに合わせて試験を受けられること。多くの検定試験は出題レベルごとに級が設けられているので、自分の実力に合った試験に挑戦できます。

魅力その2は、年に1～数回と定期的に実施されていること。級別の検定は、合格したら次の試験でさらに上の級をめざすなど、段階的にレベルアップできます。級がない検定でも、毎回検定結果が出されるので、複数回受ければ過去の結果と比較することができます。

魅力その3は、高校入試に役立つこと。「漢検」・「数検」・「英検」をはじめ、学校によって、該当する検定の取得級により入試で優遇制度を設けている場合があります。また、高校入試だけでなく、大学入試やその先の就職活動で役立つ検定も多いので、継続して学び続けることが、きっと大きな財産となるはずです。

次のページには、中学生のみなさんに受検してほしいさまざまな検定試験を直近の試験日程とともに掲載しています。この特集で掲載した以外にも色々な検定試験がありますので、調べてみるのも楽しいですよ。

# 英語

## 実用英語技能検定（英検）

**【検定時期】年３回**

**第1回** 3月18日〜5月20日（受付）
・1次　6月10日〜12日（試験：本会場は12日のみ）
・2次　7月10日（試験）
**第2回** 8月 1日〜9月16日（受付）
・1次　10月7日〜9日（試験：本会場は9日のみ）
・2次　11月6日（試験）

**【検定料】**

2,000円（5級・準会場）／2,500円（5級・本会場）〜8,400円（1級）

語学力証明資格として広く認められた国内最大級の英語検定試験です。７つの級があり、３級や準２級以上を取得すると、高校受験で有利に働く学校もあります。準２級まではリーディング・リスニング・スピーキング、２級以上はライティングも含め４技能が測定されます。

## TOEIC Bridge®

**【検定時期】年４回**

**第58回**　2月4日まで（受付）3月6日（試験）
**第59回**　2月15日〜4月21日（受付）
6月12日（試験）

**【検定料】**

4,320円

英語によるコミュニケーション能力を測る世界共通テストTOEIC®。その特徴を受け継ぎながら、初級・中級レベルの英語能力を測定するために生まれたのがTOEIC Bridge®です。出題は、リスニングとリーディングセクションに分かれ、結果はスコアで表示されます。

**その他にも**

### TOEFL Junior®

**【検定時期】**

**Standard**（S）年８回（留学希望者向けテスト会 年６回／公開テスト会 年２回）
**Comprehensive**（C）昨年度　年1回11月

**【検定料】**

（S）4,320円　（C）9,500円

世界共通の英語運用能力テストで、Sは読む・書くの２技能、Cは４技能を測定。

### 国際連合公用語英語検定試験

**【検定時期】年２回**

昨年度は**第１回**　1次5月　2次7月
**第２回**　1次10月　2次12月

**【検定料】**

2,700円（E級）〜10,500円（特A級）

国際時事問題などが出され、総合的な国際コミュニケーション力が問われます。

# 数学

## 実用数学技能検定（数検）

**【検定時期】年３回**

**第1回**　2月 1日〜3月15日（受付）
4月17日（試験）
**第2回**　5月 9日〜6月21日（受付）
7月24日（試験）
**第3回**　8月22日〜9月27日（受付）
10月30日（試験）

**【検定料】**

1,500円（11級）〜5,000円（1級）

いわゆる「数検」。数学・算数の実用的な技能を測る検定です。11級（小１レベル）から１級（大学・一般レベル）まで、幅広いレベルが用意されています。一定以上の級を保持していることで、一般・推薦入試の際に加点する高校も公立・私立を問わず多くあります。

## 算数・数学思考力検定

**【検定時期】年３回**

**第1回**　５月26日まで（受付）
６月24日・25日（試験）
**第2回**　10月 6日まで（受付）
11月 4日・5日（試験）

**【検定料】**

2,000円（10級）〜3,000円（準2級）

算数や数学の問題に解答することで、思考力の度合いを知るための検定。受検するために継続的に学習していくことで、物事を理論的に考えたり、解決したりする思考力を高めることにつながります。高校によっては一般・推薦入試で優遇制度を設けている学校も。

**その他にも**

### 計算能力検定

**【検定時期】年３回**

昨年度は８月、11月、2月に実施

**【検定料】**

2,000円（Level 1）〜4,000円（Level11）

さまざまな能力の土台となる「計算能力」を測ります。

### 数学能力検定試験（TOMAC）

**【検定時期】**

未定

**【検定料】**

2,000円（AⅠ）〜6,000円（D）

数学的潜在能力を判定する検定で、グレードは小２レベルから大学レベルまで。

# 国語

## 日本漢字能力検定（漢検）

**【検定時期】年３回**

**第1回**　3月 1日〜 5月19日（受付）
6月19日（試験）
**第2回**　7月 1日〜10月 6日（受付）
11月 6日（試験）

**【検定料】**

1,500円（10級）〜5,000円（1級）

漢字能力を測定する技能検定で、通称「漢検」。１〜10級までの12段階あり、自分の実力に合った受検が可能です。年齢制限はなく、子どもから大人まで幅広い年齢層が試験を受けています。合否判定への考慮や点数加算など、高校入試に活用している学校も多くあります。

## 日本語検定

**【検定時期】年２回**

**第1回**　3月 1日〜 5月20日（受付）
6月17日・18日
（試験：一般会場は18日のみ）
**第2回**　8月 1日〜10月14日（受付）
11月11日・12日
（試験：一般会場は12日のみ）

**【検定料】**

1,400円（7級）〜6,000円（1級）

日本語の総合的な運用能力を測る検定試験。文法、語《ご》彙《い》、敬語、漢字、表記、言葉の意味の６つの領域から出題されます。受検後には成績を記した個人カルテが送付されるので、見直しや復習にも役立てられます。対象級取得者に入試で優遇制度を設けている高校もあります。

**その他にも**

### 語彙・読解力検定

**【検定時期】年２回**

**第１回**　団体・個人　3月1日（受付開始）
6月17日〜19日（試験：個人は19日のみ）

**【検定料】**

2,880円（4級）〜6,686円（1級）

「ことばの力」を新聞語彙、辞書語《ご》彙《い》、読解の３つの領域からの出題で判定します。

### 論理文章能力検定

**【検定時期】】年１回**

例年 11月（個人授業）

**【検定料】**

2,100円（Level0）〜4,000円（Level10）

言語運用能力（国語力）の向上につながる「論理力」を育むための検定です。

日程はすべて2016年のものです（日程情報、検定料情報は2015年12月15日現在）。

# その他

## 硬筆書写技能検定

**【検定時期】年３回**
例年６月、11月、１月

**【検定料】**
1,100円（5級）～5,500円（1級）

正しく美しく字を書けるかを見る実技問題と、漢字の字体や筆順などを答える理論問題で構成されています。文部科学省後援の検定で公的性があるため、履歴書や内申書に資格として合格級を書くことができ、一部の高校では優遇制度もあります。毛筆書写技能検定もあります。

## ICTプロフィシエンシー検定(P検)

**【検定時期】**
会場によって異なる

**【検定料】**
無料（5級）～10,000円（1級）
※2級～4級は高校生以下学割あり

通称「Ｐ検」と呼ばれるパソコンを使って受ける検定です。コンピューターに関する知識のほか、タイピングやワープロ、表計算などの実技面のテスト、ICTプロフィシエンシー（ICTを活用した問題解決能力）など幅広い観点から評価されます。中学生には４級がおすすめです。

### その他にも

### 手話技能検定

**【検定時期】年２回(筆記) 年２回(実技)**
**〘準1・準2・3～6級〙**
2月8日～7月20日（受付）、9月25日（試験）
**〘7級〙** 在宅でいつでも可。
（1・2級の実技試験は別日程）

**【検定料】**
1,750円（7級）～ 11,000円（1級）

１級～７級のレベルがあり、手話の技能を試せる検定です。

### 家庭料理技能検定®

**【検定時期】年1回**
6月25日～7月29日（受付）
**〘3・4級〙** 9月18日 **〘2級〙** 9月25日
**〘1級〙** 9月24日（試験）

**【検定料】**
9,000円（4級）～17,000円（1級）

試験は包丁さばきや料理の腕を見る実技と調理の基礎を問う筆記があります。

# 理　科

## 理科検定

**【検定時期】**「STEP」年7～8回、「SCORE」年2回
**「ＳＴＥＰ」** 2月 3日まで（受付）
2月27日（試験）
2月 9日～３月２日（受付）
3月26日（試験）
**「SCORE」** 7月 6日～８月３日（受付）
8月27日（試験）
9月26日～10月23日（受付）
11月19日（試験）

**【検定料】**
1,600円～4,500円（級やコースにより異なる）

理科全般のさまざまな問題が新学習指導要領に沿って出題されるので、復習にもなります。あらかじめ級を選んで受検する階級別検定「STEP」と、点数で達成度を評価する到達度検定「SCORE」の２種類があります。

## 科学検定

**【検定時期】年３回**
**第９回** 1月 上旬～(受付)
2月18日～2月21日（試験）

**【検定料】**
無料（7級）～5,000円（2級）

科学のおもしろさを知ってほしいとの思いで2013年（平成25年）から始まりました。知識量や計算力を問うものよりも、問題文から得られるヒントをもとに科学的な考えができるかどうかを問う内容が多く出されます。ネット上で気軽にチャレンジできるのも魅力です。

### その他にも

### 生物分類技能検定

**【検定時期】年１回**
11月上旬～中旬の日曜（予定）

**【検定料】**
3,080円（4級）～12,340円（1級）

身近な生物（野生動植物、栽培種など）に関する問題が出題されます。

### 天文宇宙検定

**【検定時期】年1回**
例年10月

**【検定料】**
4,100円（4級）～6,200円（1級）

天文や宇宙に興味のある人が楽しみながら受けられる検定です。

# 社　会

## 歴史能力検定

**【検定時期】年１回**
11月27日（予定）
受付開始時期未定

**【検定料】**
2,000円（5級）～7,500円（1級）（予定）

問題は、学校で学ぶ歴史の知識を中心に出題されます。５級から１級まであり、３級以上は、日本史と世界史それぞれに試験が分かれています。片方のみもしくは両方を受けることも可能です。受検することで、自分が理解していない部分がわかり、弱点克服にもつながるでしょう。

## ニュース時事能力検定試験

**【検定時期】年２回**
**前期** 3月14日～ 5月20日（受付）
6月19日（試験）
**後期** 8月22日～10月21日（受付）
11月20日（試験）

**【検定料】**
2,000円（5級）～6,500円（1級）

新聞やテレビのニュース報道を読み解く「時事力」を測ることができる検定試験です。政治、経済、暮らし、国際問題、社会・環境の５つの領域から、検定日の約１カ月前までのニュースが出題されます。社会科の授業や試験にも役立つ総合的な時事力を身につけることが可能です。

### その他にも

### 地図地理検定

**【検定時期】年２回**
第25回6月19日（試験）

**【検定料】**
3,000円（一般）～4,000円（専門）
※それぞれ1,000円引きとなる学割あり

地図や地理の知識を身につけ、地図を楽しく読み、使う力を育てられます。

### 世界遺産検定

**【検定時期】年4回**
**第23回** 2月1日まで（受付）
3月6日（試験）

**【受験料】**
2,670円（4級）～18,510円（マイスター）

人類共通の財産である世界遺産についての知識・理解を深められる検定です。

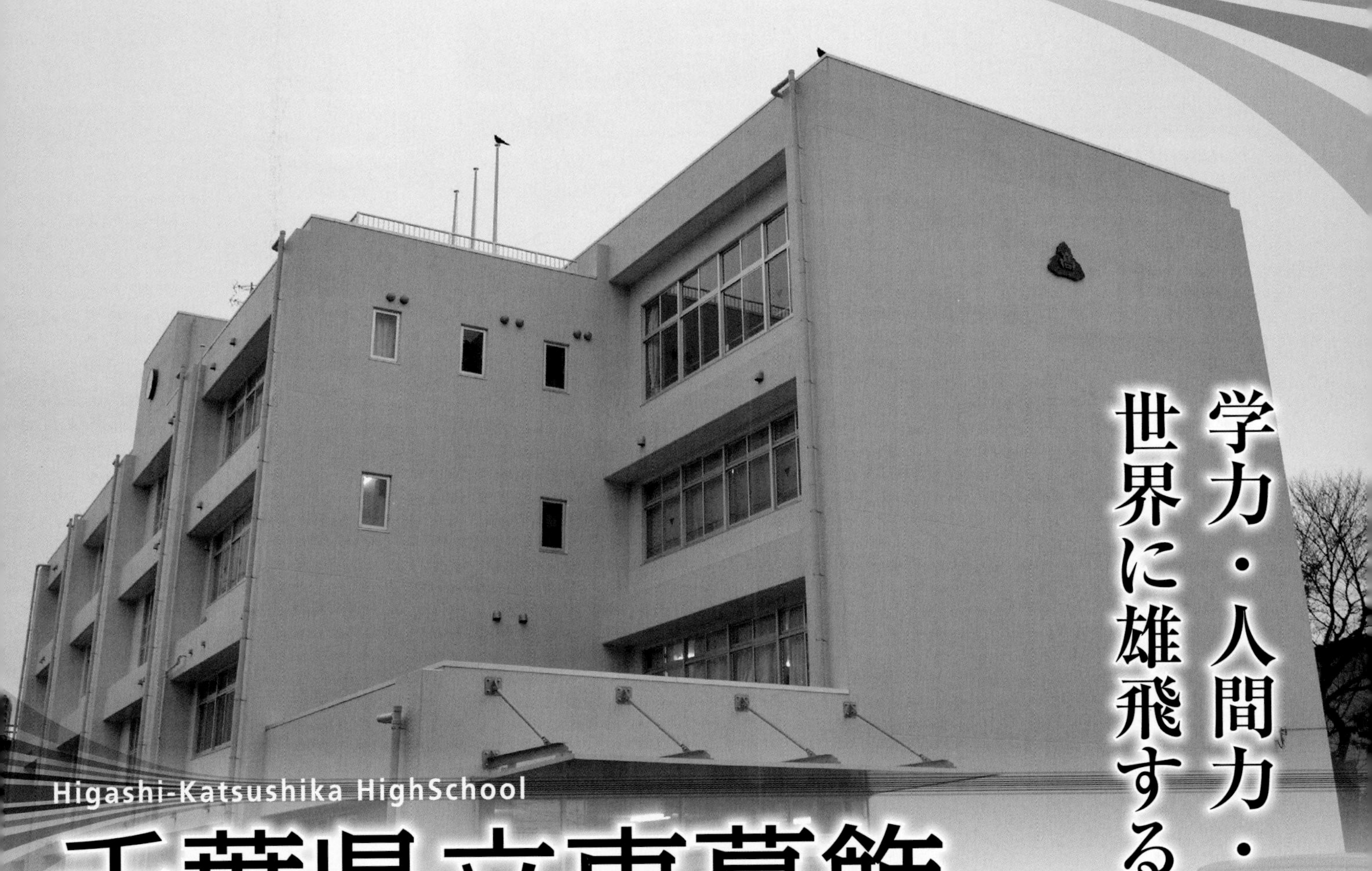

# 学力・人間力・教養を高め 世界に雄飛する人材を育成

Higashi-Katsushika HighSchool

# 千葉県立東葛飾高等学校

千葉県　柏市　共学校

長年にわたり、地域に貢献する人材を多数輩出してきた千葉県立東葛飾高等学校。2014年度(平成26年度）からは医歯薬コースが設置され、地域医療を担う医療従事者を育てる体制も整いつつあります。東葛飾高等学校は自ら学び、考える力を育て、グローバル社会に対応できる力を育てる学校です。

須田《すだ》 秀伸《ひでのぶ》 校長先生

## 専門性を持ちながら活躍できる人材を育成

千葉県立東葛飾高等学校（以下、東葛飾）の歴史は１９２４年（大正13年）の旧制東葛飾中学校の開校から始まります。２００７年度（平成19年度）に進学指導重点校の指定を受け、２００９年度（平成21年度）から2学期制を導入、２０１４年度（平成26年度）には創立90周年を迎え、同年、医歯薬コースを新設しています。さらに２０１６年度（平成28年度）からは併設型中高一貫教育校の東葛飾中学校が開校と、「激動の10年でした」と須田秀伸校長先生が語られるように、年々進化を遂げている学校です。なお、東葛飾中学校の開校に伴って、進学指導重点校の指定は、中高一貫教育重点校の指定へと変更されています。

　教育方針の『自主自律』の校是のもと、自らを律することで、『学力』、『人間力』、『教養』を高め、さらに生涯にわたるキャリアアップをとおし、グローバル社会で活躍できる人材を育成する」について、須田校長先生は次のように話されます。

「本校では、学力を高めるために8つの重点目標を掲げています。部活動や学校行事などは人間力の育成につながりますし、教養を育むための取り組みも実施しています。学校でのさまざまな活動が、教育方針につながるようになっているのです。

　また、『グローバル社会で活躍できる人材』については、グローバル社会が当たり前の時代になれば、グローバル社会で活躍することは世の中で活躍することと同じ意味になるととらえています。そこで本校では、研究者や技術者、医師など専門性を持って活躍できる人材の育成をめざしています。他の追随を許さないような専門性を持っていれば、どんな社会になっても、自分に自信を持って生きていけると思います。」

## 2年から用意された4つのコースで学ぶ

医歯薬コースが新設された年に、新カリキュラムも一新されました。1年は芸術科目以外共通履修、2年から文コース・文理コース・理コース・医歯薬コースの4コースで学びます。コースという名ですが、コースごとにクラスが分かれているわけではなく、HRクラスにさまざまなコースの生徒が混在しています。クラス=コースにしてしまうと希望のコースに入れない可能性があることから、生徒の希望を最大限尊重するために、こうした形をとっています。3年には、文コースと文理コースは10単位、理コースは8単位、医歯薬コースは4単位の自由選択科目が用意されています。さらに医歯薬コースには医歯薬選択科目が4単位あります。

　4コースのなかで最も特徴的な医歯薬コースは、千葉県の医師不足の実態をふまえ、地域医療を担う人材の育成を目的としています。

　2年から医歯薬コースへの進学を希望する生徒は、1年に「東葛リベラルアーツ講座」（後述）内の「医歯薬プレ講座」（医歯薬コースの準備講座）を受講します。

　2年は「医歯薬研究1・2」が必修となります。「医歯薬研究1」では、実際の医療現場に出向いてのインターンシップやチュートリアル（少人数教育）を体験し、「医歯薬研究2」では、テーマ研究とともに「医歯薬研究1」に関する調べ学習、振り返り学習も行います。

「カリキュラムは理コースとほぼ同じですが、こうした授業に特色があります。医療従事者となるために身につけてほしい倫理観や使命感を育むための授業と位置づけており、柏市医師会を中心に千葉大、帝京平成大など多くの方々に協力いただいています。」（須田校長先生）

　そして、3年で必修となる「医歯

## 医歯薬コース

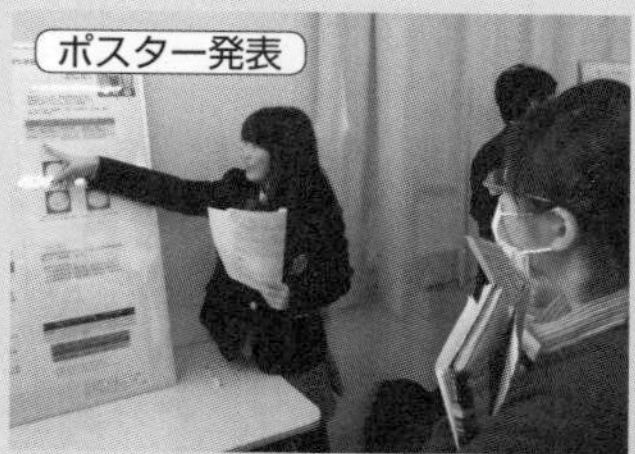
ポスター発表

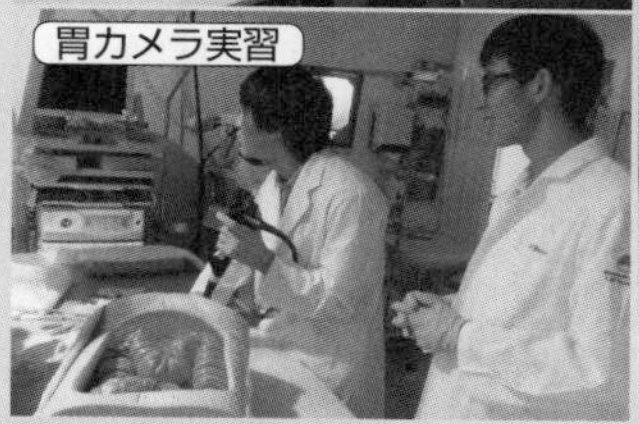
胃カメラ実習

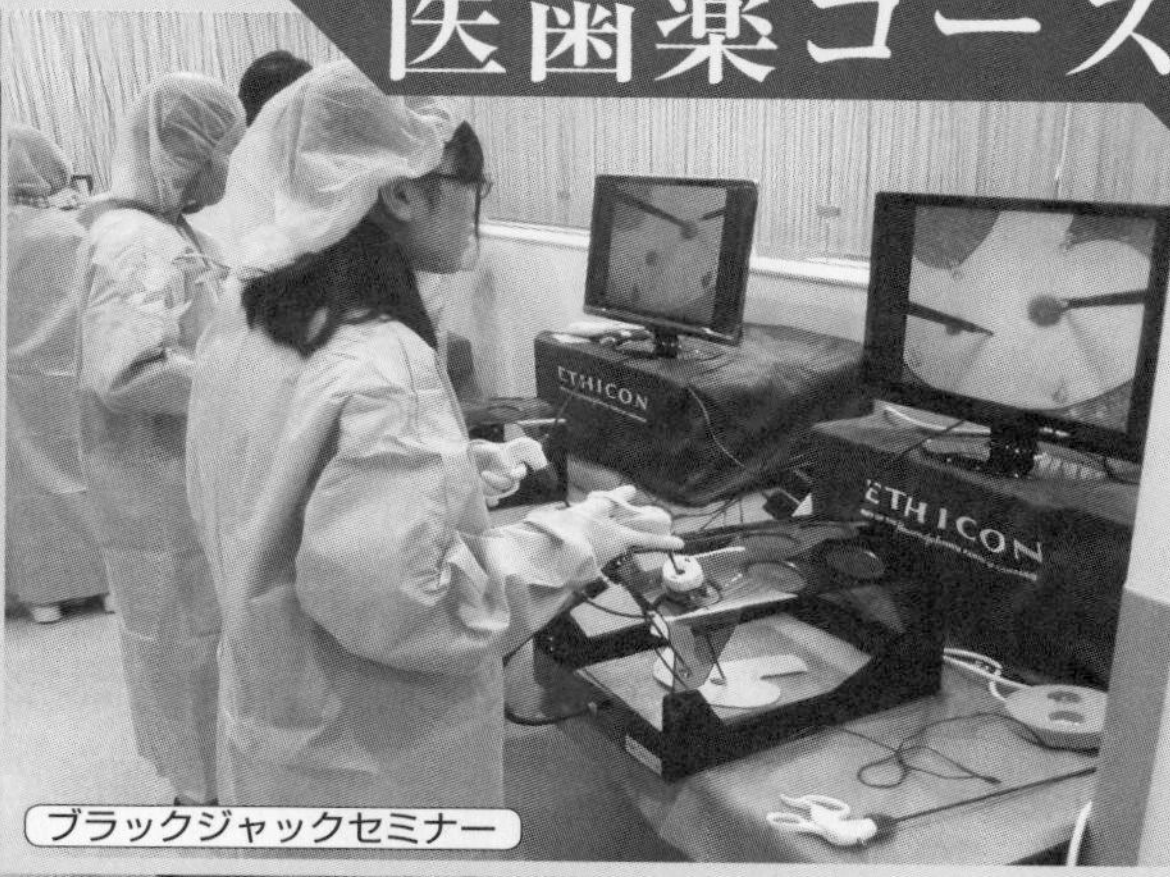

ブラックジャックセミナー

病院実習などの貴重な体験ができる医歯薬コース。将来、医歯薬学系に進みたい生徒には魅力的なコースです。

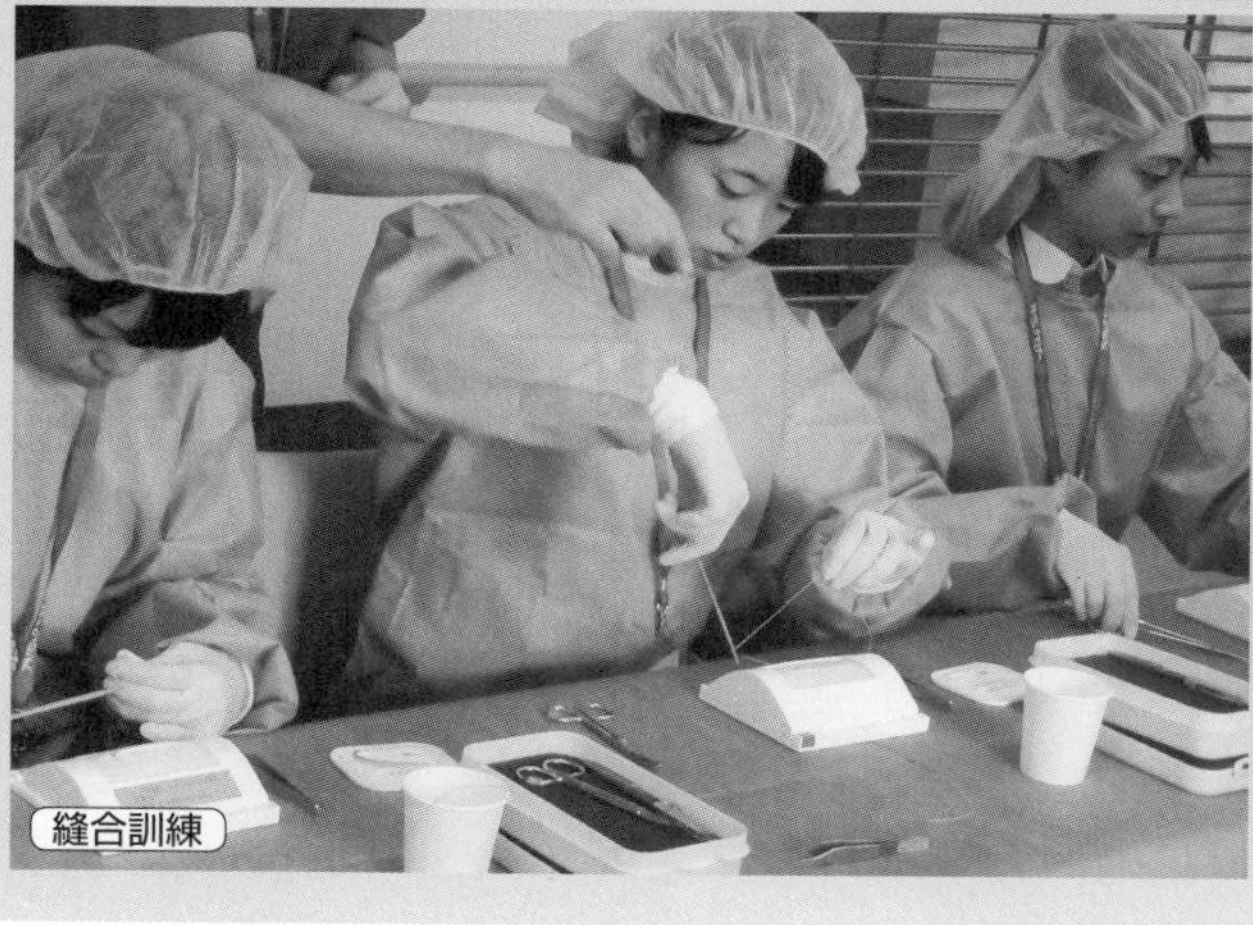
縫合訓練

医歯薬プレ講座

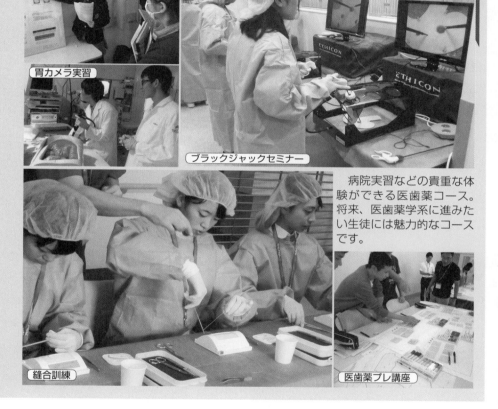

薬研究3」では、医療系学部へ進むための進路講座で、面接や小論文の対策を学びます。

## 東葛飾独自の2つの取り組み

東葛飾では体験重視の特色ある取り組みが実施されています。それが「自由研究」と「東葛リベラルアーツ講座」の2つです。

1つ目の「自由研究」は、40年近く行われている伝統的なものです。総合的な学習の時間を使って、自分で決めたテーマについて1年間研究をしていきます。研究は個人でもグループでも可能ですが、最終的に提出するレポートは1人ずつ完成させ、発表も行います。優秀な研究は毎年『自由研究概要集』に掲載されており、これまでも「高校野球の美学」「『法隆寺 救世観音像』に関する考察」「数学からみた音楽」「心理学から恋愛を考える」「高すぎ！北総線！ ―運賃問題の現状と解決策―」などじつに多彩な分野の研究が行われています。

2つ目の「東葛リベラルアーツ講座」は授業以外の学びの場として、放課後、土・日、長期休業中に開講される特別講座です。希望制ですが、

## 三大祭

行事も盛んな東葛飾。なかでも、クラスごとに一致団結してさまざまなスポーツの勝敗を競う「スポーツ祭」、曲目に合わせた手作り衣装も圧巻の「合唱祭」、2週にわたってⅠ部とⅡ部を行う「文化祭」の3つは「三大祭」として親しまれています。

1年生は年2回の受講が義務づけられています。講師は大学教授、各分野の専門家、東葛飾の教員などで、一般向け約40、医歯薬コース向け約20、計約60講座が用意されています。

2015年度（平成27年度）の講座は「東葛生のためのハローワーク」「英語で学ぶ日本経済」「流星群の力学」「首都直下地震について考える」「広告ってなんだ?」「モデルロケットの制作と打ち上げ」などです。

そのほかにも学外で実施するもの（街道を歩くフィールドワーク、かつて軍都だった柏市の戦争遺跡をめぐる講座など）、宿泊を伴うもの（福島県檜《ひの》枝《え》岐《また》村で農村歌舞伎鑑賞会、千葉県の色々な里山を訪れ各地でプロジェクトに参加しながら地域再生について学ぶ講座など）もあります。

## 受験指導とキャリア教育の2本柱で進路指導

進路指導は希望進路をかなえるための「進学指導」（受験指導）と、その先の人生について考える「生き方・あり方教育」（キャリア教育）の2つを柱として行っています。

まず、4月には学校生活に関するアドバイスをまとめた「STUDY

GUIDE」を、5月には詳細な進路実績を掲載した「進路のしおり」を配付します。

7月にある「進路の日」は、大学見学を実施する日です。学年ごとにさまざまな大学を訪れ、模擬講義や施設見学、卒業生との懇談などを体験し、大学生活を身近に感じてもらうことを狙いとしています。

2年には将来の職業選択に役立つ取り組みとして、希望者向けにインターンシップ（職業体験）が用意されています。「医歯薬コースの生徒は1年生から医歯薬プレ講座に出席したり、将来への準備を早い段階からしています。その姿を見た同じクラスの他コースの生徒は自分も将来について考えなければ、という気になるようです。キャリア教育の面でも医歯薬コースの設置、コースを混在させたクラス編成が相乗効果を生んでいますね」と須田校長先生。

そのほかにも東京外語大との高大連携教育の一環として、ゼミ体験や学生との交流が行われています。

これまでも国公立・難関私立大へ多数の卒業生を輩出してきた東葛飾高等学校。医歯薬コースで学ぶ生徒の進学実績にも期待が膨らみます。

「本校に入学後伸びるのは、自己管理がしっかりできて、自ら動ける生徒さんです。ですから、指示をただ待つだけではなく、自分から課題を見つけていく意欲のある生徒さんに来ていただきたいと思います。

新たに中学校が併設されますが、中入生が高1になったとき、高入生と中入生をいっしょのクラスにする予定です。それぞれのよさが発揮され、よりよい学校になっていくのではないでしょうか。」（須田校長先生）

## 東葛リベラルアーツ講座

東葛リベラルアーツ講座では、多種多様な講座が開かれています。どの講座も好奇心を刺激する内容で、生徒たちも聞き入っています。

## 修学旅行

修学旅行は沖縄へ行きます。カヌー体験やマングローブでの自然体験など楽しい企画が盛りだくさんです。

## 進路指導

大学を訪問する「進路の日」には、大学で講義を受けることも。進路選択の一助となっています。

**2015年度（平成27年度）大学合格実績（　）内は既卒**

| 大学名 | 合格者 | 大学名 | 合格者 |
|---|---|---|---|
| 国公立大学 | | 私立大学 | |
| 北海道大 | 5(3) | 早稲田大 | 101(38) |
| 東北大 | 11(5) | 慶應義塾大 | 55(19) |
| 筑波大 | 25(6) | 上智大 | 38(12) |
| 埼玉大 | 4(1) | 東京理科大 | 134(46) |
| 千葉大 | 31(6) | 青山学院大 | 25(4) |
| 東京大 | 7(5) | 中央大 | 28(12) |
| 東京外大 | 5(1) | 法政大 | 60(15) |
| 東京工大 | 7(2) | 明治大 | 111(29) |
| 東京農工大 | 4(2) | 立教大 | 89(25) |
| 一橋大 | 4(0) | 学習院大 | 12(4) |
| 京都大 | 4(2) | 津田塾大 | 17(3) |
| 大阪大 | 2(1) | 日本女子大 | 42(3) |
| その他国公立大 | 23(9) | その他私立大 | 372(84) |
| 計 | 132(43) | 計 | 1084(294) |

*School Data*

| | |
|---|---|
| 所在地 | 千葉県柏市旭町3-2-1 |
| アクセス | JR常磐線・東武野田線「柏駅」徒歩8分 |
| 生徒数 | 男子537名、女子479名 |
| TEL | 04-7143-4271 |
| URL | http://cms1.chiba-c.ed.jp/tohkatsu/ |

2学期制　週5日制
月・木6時限、火・水・金7時限
45分授業　1学年8クラス
1クラス約40名

No.223 School Navi

共学校　埼玉県　本庄市

# 本庄東《ほんじょうひがし》高等学校

**School Data**

所在地｜埼玉県本庄市日の出1-4-5
生徒数｜男子919名、女子646名
TEL｜0495-22-6351
URL｜http://www.honjo-higashi.ed.jp/
アクセス｜JR高崎線「本庄駅」徒歩15分、JR八高線・東武東上線・秩父鉄道「寄居駅」ほかスクールバス

## 学力と国際感覚を身につけた人間性豊かな人材へ

1947年（昭和22年）の創立以来、素直な心の育成を大切にしてきた本庄東高等学校（以下、本庄東）。素直な心を持つことにより、感謝の気持ち、謙虚な姿勢が生まれ、学ぶ心が育つと考えられています。その思いが「心　素直に、知性　輝く」という教育理念として現在も受け継がれています。

### 高い現役合格率を実現するコース制と学習指導システム

本庄東は、85%を超える高い現役合格率を誇ります。それを可能にしているのが、コース制と独自の学習指導システムです。

コースは希望する進路によって「特進選抜コース」「特進コース」「進学コース」から選ぶことができます。

どのコースも2年次から文系・理系に分かれ、目標の大学に合格するための実践的な学力を養う授業に加え、補習が充実しているのが魅力です。

学習指導システムとしては、大学受験に必要とされる英単語を学ぶ「朝の英単語テスト」、新聞のコラム欄を読み要旨や感想を書く「コラム学習」、1日の締めくくりとして実施される「放課後の小テスト」があります。こうした毎日の積み重ねが、生徒たちの学力を確実に向上させていくのでしょう。

ほかにも、東京大をめざす生徒を対象とした「東大プロジェクト」が特徴的です。コース・学年の枠を取り払ったプログラムで、1年次から参加することができます。1つの目標に向かって、お互いに切磋琢磨しながらハイレベルな内容の補習に取り組むことができるため、受験へのモチベーションが高まります。補習以外に、添削サポートや講演会も実施されています。

### 実際に海外を訪れ世界を身近に感じる

本庄東は、国際理解教育にも力を入れ、生徒の広い視野と豊かなコミュニケーション能力を育てています。そのために実施されているのが高2のカナダ修学旅行です。実際に海外を訪れ、異文化に触れることで、生徒は世界を身近に感じられるようになるのです。自由行動の時間が設けられているのが特徴で、生徒の自主性を重んじる本庄東ならではです。

また、希望者を対象にオーストラリア語学研修も実施されています。姉妹校の授業に参加したり、現地の家庭にホームステイする貴重な体験ができます。

学力とともに国際感覚を養う教育で生徒を育てる本庄東高等学校。これからも教育理念を大切に、人間性豊かな優れた人材を育てていくことでしょう。

No.224 School Navi

女子校　千葉県　市川市

# 国府台女子学院《こうのだいじょしがくいん》
# 高等部

**School Data**

|所在地|千葉県市川市菅野3-24-1
|生徒数|女子のみ974名
|TEL|047-326-8100
|URL|http://www.konodai-gs.ac.jp/senior/
|アクセス|京成線「市川真間駅」徒歩５分、JR総武線「市川駅」徒歩12分

## 智慧と慈悲 2つの心を大切に

1926年（大正15年）の創立から90年。国府台女子学院高等部（以下、国府台女子）は、仏教精神を基礎とした「敬《けい》虔《けん》（常にわが身をふりかえる素直な心を養う）」、「勤労（実践を通じて、生きる智《ち》慧《え》を身につける）」、「高雅（心身を整え気高い品性を身につける）」を3大目標として、創立以来一貫して女子教育を行ってきました。

そして、この3大目標を実現するために、「真理を探究する心＝智慧」と「他者を思いやり慈しむ心＝慈悲」の2つの心を育むことも大切にしています。

### 生徒の個性を伸ばす特色あるカリキュラム

多様な進路に対応するべく、カリキュラムは、普通科の普通クラス、選抜クラス、普通科の美術・デザインコース、英語科でそれぞれ異なります。

普通科の普通クラス、選抜クラスの生徒は、1年次は同じカリキュラムです。普通クラスは基礎力をつけるクラス、選抜クラスはよりハイレベルな力をつけるクラスとなっています。2年次からは、1年次の終わりに受けるコース判定テストの結果によって、進学理系選択コース、進学文系選択コース、選抜理系コース、選抜文系国立コース、選抜文系私立コースの5コースに分かれていきます。

普通科には、美術系大学進学をめざすのに最適な美術・デザインコースもあります。普通科の一般カリキュラムに比べて美術・デザインの授業が多く、学年があがるにつれて時間数も増加していきます。また、受験に必要な国語や英語などの科目もバランスよく学べるようになっています。

英語科は設置から30年を迎え、千葉県内でも有数の歴史を誇ります。理数系科目は最小限に抑えた文系科目主体のカリキュラムで、3年次の英語はなんと週12時間設定されています。さらに「使える英語力」を身につけるために、2年次に全員参加のアメリカ語学研修を実施。TOEIC対策講座も開講します。

国府台女子は部活動も盛んです。オーケストラ、マンドリンなどの文化系部活動が25、ソフトボール、タッチラグビーなどの体育会系部活動が10あります。中学部と合同で行うため、互いに刺激しあい、支えあいながら活動していくなかで、学年の枠を超えたきずなが生まれます。さらに、華道、箏、茶道をそれぞれ専門の先生に教わる「専門部」という課外活動も用意されています。

そして、毎日の礼拝や週1時間の仏教の授業、年間を通じて行われる仏教行事などを通して、1人ひとりの豊かな心を育てている国府台女子学院高等部です。

FOCUS ON

東京都　私立　共学校

# 中央《ちゅうおう》大学《だいがく》附属《ふぞく》高等学校

## 伸びのびとした自由な校風 生徒を伸ばす独自のプログラム

小杉《こすぎ》 末吉《すえきち》 校長先生

**School Data**

**所在地**
東京都小金井市貫井北町3-22-1

**アクセス**
JR中央線「武蔵小金井駅」徒歩18分またはバス、西武新宿線「小平駅」バス

**TEL**
042-381-5413

**生徒数**
男子594名、女子559名

**URL**
http://chu-fu.ed.jp/

- 3学期制
- 週6日制（土曜は1・2年午前3時限、3年は原則自宅学習）
- 6時限
- 50分授業
- 1学年9クラス
- 1クラス約40名

**中央大学附属高等学校は、自由な校風を大切に、自ら学ぶ生徒を育てる教育環境が整えられています。「課題図書」や「研究旅行」など、特色ある取り組みが展開され、今後の社会を担い、自ら問題解決を図ることのできる人間の育成がめざされています。**

### 自己を律する 真の自由が校風

中央大学附属高等学校（以下、中大附属）は、1909年（明治42年）に設立された目白中学校を始まりとします。その後変遷を経て1951年（昭和26年）に学校法人杉並高等学校となり、翌年に学校法人中央大学に合併され中央大学杉並高等学校になりました。

そして、1963年（昭和38年）、現在地に移転し、中央大学附属高等学校と改称され、2001年（平成13年）には男女共学制がスタート、2010年（平成22年）に中学校（男女共学）が開校されています。

中大附属では、中央大の「実地応用の素を養う」という建学の精神を基盤として、全人格的教育が施され、知育・徳育・体育のバランスのとれた教育が展開されています。

校訓は「明るく、強く、正しく」、教育目標には「自主・自治・自律」が掲げられています。

「本校は自由を大切にした校風です。しかし、自由とは勝手気ままなことではありません。生徒手帳にも『真の自由は自己を律することによって得られる』と示されています。私は常日頃生徒に、自分のやったことの責任を自覚しなさいと強く言っています。自分のされたくないことを人にしてはいけない、卑怯な真似は絶対にしてはいけないということです。自らを律するとはどういうことなのかをしっかりと理解して、日々の生活を送ってほしいと思っています。」（小杉末吉校長先生）

### 人間関係・進路に配慮した クラス・コース編成

中大附属では、附属中学から進学してくる内進生と高校から入学する高入生が、1年次は別クラス、2年次から混合クラスになります。小杉校長先生は「内進生も高入生も最初はお互いにうまくやっていけるか不安に感じています。その不安をやわらげ、少しずつ友人関係を作っていけるようにとの配慮から、1年次は別クラス編成にしています。もちろんまったく交流がないわけではなく、入学してすぐのオリエンテーション合宿で行うスポーツ大会やハイキングを通して、内進生と高入生の親睦が生まれるように工夫しています」と話されました。

カリキュラムは、1年次が共通履修で、2年次から「文系コース」と「文理系コース」に分かれます。3年次には「文系（中大）コース」・「文系

## 施設

図書館

スクエアデッキ

第二体育館

施設が充実しているのも中大附属の魅力の1つ。2つの体育館や人工芝のグラウンドといった体育施設、17万冊の蔵書を誇る図書館などの学習施設に加え、食堂も完備されています。

野球場

人工芝グラウンド

食堂

（他大）コース」・「理系（中大）コース」・「理系（他大）コース」とさらに分かれていきます。

「2年次からコース分けをしていますが、生徒にはできるだけ全教科を学んでほしいと思っています。そして、受験がないという附属校の強みを活かして、生徒主体の能動的な学習、つまりアクティブラーニングを多く取り入れた教育を行っていきたいという思いがあります。現在も教科によっては課題探究型の教育を進めており、今後さらに取り入れていきたいです。」（小杉校長先生）

## 知的好奇心を刺激する特色ある教育が魅力

中大附属では、生徒の知的好奇心を刺激する魅力的な教育が展開されています。

国語では「課題図書」として、3年間かけて100冊の本を読みます。文学作品や小説に加え、社会や理科に関連する作品も含まれており、定期試験では、課題図書を読んだかどうかの設問が出題されます。「読書に親しんでほしいとの思いから課題図書を設けています。読書はさまざまな知識をもたらし、興味関心を広げてくれます。そして、ただ読むだけではなく、内容を理解し、それを第三者に伝えたり、文章にまとめたりという段階まで発展させたいと考え、高3では卒業論文に取り組みます」と小杉校長先生。

卒業論文は1万2000字以上と本格的なものです。テーマは各自で自由に設定でき、自ら問いを立て、その問いに対する答えを見つけ出し、その答えを論理的に表現することを学んでいきます。優秀な論文は『蒼穹《そうきゅう》』という冊子に掲載されます。2014年度（平成26年度）掲載作品は「東日本大震災を踏まえた防災教育―浮き彫りとなった課題の解決に向けて―」「放置自転車を食い止める―調布駅南口駅前の対策術―」「図書館で学ぶということ―中大附属の検索システムを手がかりとして―」の3つでした。タイトルから中大附属生が色々な事柄に関心を持っていることが伝わってきます。

英語では、「プロジェクト・イン・イングリッシュ」という授業が行われています。ネイティブスピーカーの教員と日本人教員によるチーム・ティーチングの授業で、あるテーマに沿って、グループごとに問題を提議し、解決策を考え、最終的に英語でプレゼンテーションを行います。こうした実践的な授業を通じて、「読む・書く・聞く・話す」の4技能を効率的に高めていきます。

国際交流としては、語学学校へ通って英語を学ぶ英国語学研修、現地の学生と交流する台湾交流プログラムが用意されています。

単位認定留学制度も整えられています。留学先は自由に選択でき、一定の基準を満たすことで、1年間留

### 学校生活

アメリカンフットボール部

剣道部

図書館を使った授業

吹奏楽部

水球部

プロジェクト・イン・イングリッシュ

図書館を使った課題探究型の授業や、ネイティブスピーカーと日本人教員がペアで担当するプロジェクト・イン・イングリッシュなど、中大附属ならではの授業が生徒を伸ばします。放課後は、多くの生徒がクラブ活動に励んでいます。

## 行事

中附コンサート

研究旅行（カンボジア）

白門祭

合唱コンクール

体育祭

音楽や舞台芸術を楽しむ中附コンサート、現地で調査・研究を行う研究旅行など、年間を通じて楽しい行事が盛りだくさんです。

英国語学研修

学しても3年間で卒業することができる魅力的な制度です。

　また、修学旅行の代わりに実施される研究旅行は、まさにアクティブラーニングの実践といえるでしょう。事前学習をして、現地調査を行います。コースは年によって異なり、国内・国外合わせて4～5コースが用意されます。希望者対象ですが、毎年多くの生徒が参加しています。

　2016年（平成28年）に予定されているシンガポールコースでは、現地の日本企業と連絡を取り、日本企業がシンガポールでどのような働きをしているかを調査する予定です。2017年（平成29年）は、サハリンコースが検討されており、普通の海外修学旅行では行かないような場所を訪れるのも中大附属の研究旅行ならではです。

### 魅力的な高大連携教育
### 中央大への推薦進学

　中大附属には、多彩な高大連携プログラムがあります。模擬授業や相談会が行われる中央大学オープンキャンパス、大学の学問研究につながるステップ講座、公認会計士をめざすための簿記講座などです。

　こうしたプログラムに加え、附属校としての大きな魅力が、中央大への推薦進学でしょう。推薦枠は、3年生全体の95%で、例年約85%の生徒が中央大へ進学しています。推薦基準は、高校3年間の定期テスト・実力テストの総合点です。その成績に応じて、進学する学部・学科を選択することができます。

　その一方で例年約15%が他大学へと進学しています。国公立大や中央大にない学部を受験する場合は、他大学併願受験制度を利用できます。

　このように附属校としての強みを活かし、独自の特色ある教育を展開する中央大学附属高等学校。最後に小杉校長先生は「本校には、伸びのびと自立的な学校生活を送れる環境があります。そうした環境のなかで、生徒には、さまざまな事柄に対して、自ら考え、問題解決を図れる人間に育ってほしいです」と話されました。

**2015年度（平成27年度）大学進学実績** （ ）内は既卒

| 学部名 | 進学者数 | 横浜国立大 | 2(1) |
|---|---|---|---|
| 中央大学進学者 | | その他国公立大 | 4(2) |
| 法学部 | 121 | 計 | 12(3) |
| 経済学部 | 58 | 他大学合格者（私立） | |
| 商学部 | 82 | 早稲田大 | 3(1) |
| 理工学部 | 25 | 慶應義塾大 | 3(1) |
| 文学部 | 28 | 上智大 | 16(0) |
| 総合政策学部 | 22 | 東京理科大 | 9(9) |
| 計 | 336 | 青山学院大 | 3(2) |
| 大学名 | 合格者 | 法政大 | 6(4) |
| 他大学合格者（国公立） | | 明治大 | 3(2) |
| 筑波大 | 3(0) | 立教大 | 4(4) |
| 千葉大 | 1(0) | その他私立大 | 54(22) |
| 東京学芸大 | 2(0) | 計 | 101(45) |

# 和田式教育的指導

**入試本番を目前に、いま必要なのは生活習慣を整えることです。これまでどんなに勉強してきたとしても、当日のコンディションが悪ければ、力を発揮できないこともあります。ベストな状態で本番を迎えるために、日々の生活を見直しましょう。**

## コンディションを整えてベストな状態で本番を迎えよう

### ちょっとした工夫で「眠れない」を卒業

よい生活習慣として必要なのは、「早寝・早起き・朝ご飯」です。コンディションを整えるばかりでなく、風邪予防にもつながります。

まずみなさんに実行してもらいたいのは、朝型の生活に切り替えること。まだできていない人は、今日から就寝時間と起床時間を1日5分ずつ早めることをおすすめします。急に1時間、2時間と大きく変えてしまうと、時差ボケのような状態になり、日中眠気に襲われて勉強に集中できなくなります。生活習慣を変えるときは、少しずつ行うことがポイントなのです。

「なかなか寝つけない」という人は、自分の眠りやすい環境や状態を知っておくことが大切です。そして、部屋を暖めておいたり、お風呂で身体を温めてから寝るなど、就寝前に準備をしておきましょう。また、日中に光を浴びるのも生活習慣を整えるために重要なことの1つ。これにより、夕方以降にメラトニンという睡眠ホルモンが分泌されるからです。

### 和田先生のお悩み解決アドバイス

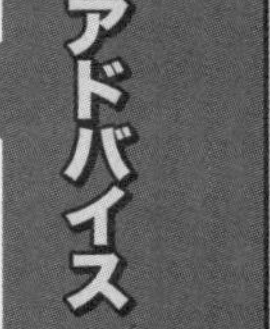

**Q 緊張すると腹痛に！試験本番が心配です**

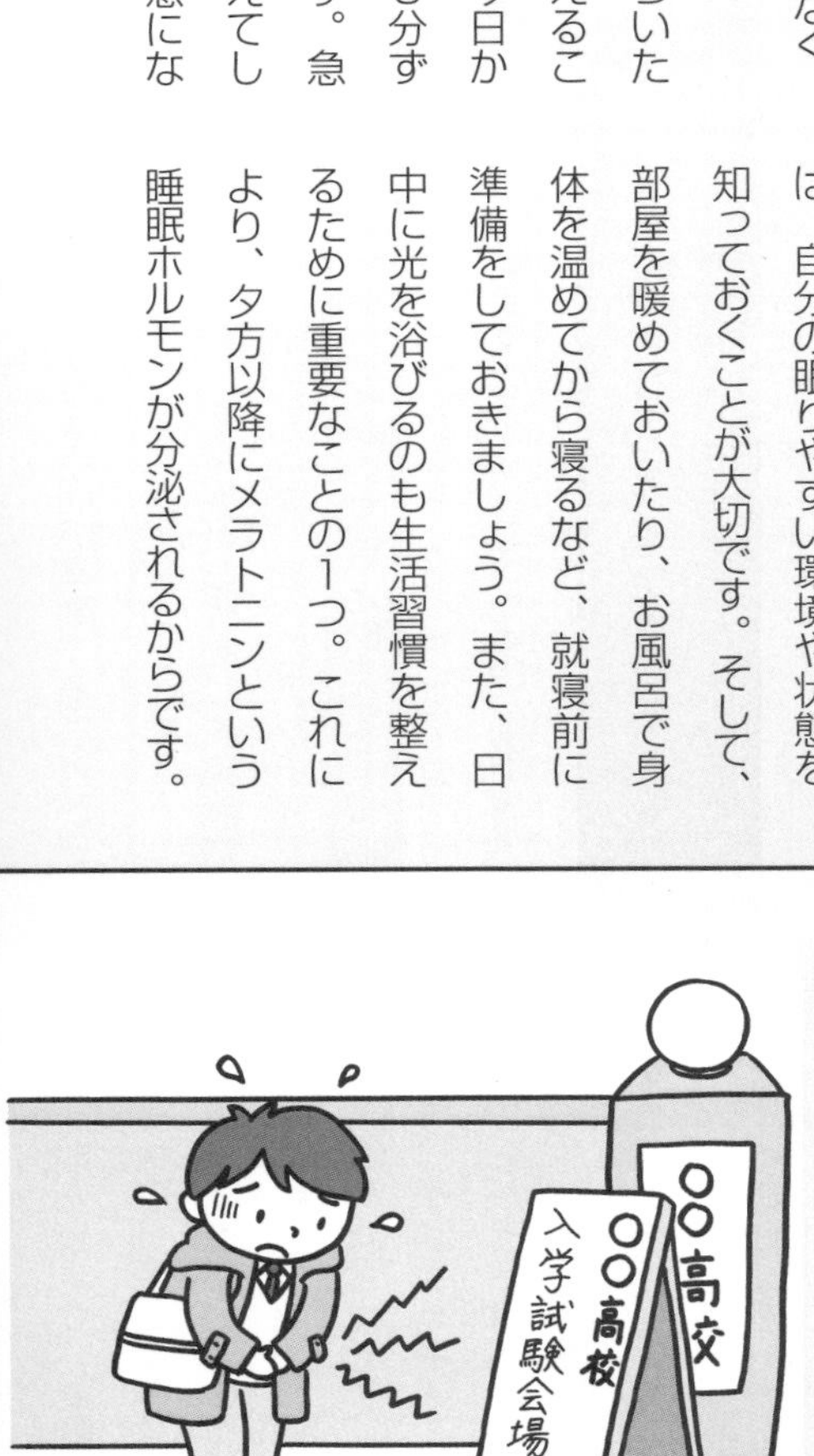

# Hideki Wada

## 和田秀樹

1960年大阪府生まれ。東京大学医学部卒、東京大学医学部附属病院精神神経科助手、アメリカのカールメニンガー精神医学校国際フェローを経て、現在は川崎幸病院精神科顧問、国際医療福祉大学大学院教授、緑鐵受験指導ゼミナール代表を務める。心理学を児童教育、受験教育に活用し、独自の理論と実践で知られる。著書には『和田式　勉強のやる気をつくる本』（学研教育出版）『中学生の正しい勉強法』（瀬谷出版）『難関校に合格する人の共通点』（共著、東京書籍）など多数。初監督作品の映画「受験のシンデレラ」がモナコ国際映画祭グランプリ受賞。

外で日光にあたるのが一番ですが、できなければ明るい部屋で勉強するだけでも効果があります。

睡眠に関しては、入試前夜も気をつけましょう。「緊張して眠れない」という話をよく聞きますが、過度な心配はよくありません。「明日は大事な入試だから、早く寝なければ」というプレッシャーを感じると焦ってしまい、余計に眠れなくなってしまいます。人の脳は、身体を横たえるだけでも十分に休ませることができます。「少しくらい眠れなくても大丈夫」と、楽にとらえましょう。

### ご飯をしっかり食べて やる気・集中力アップ

睡眠と同じくらい大切なのが食事。まず、朝ご飯は毎日しっかり食べましょう。主食には、お米を食べることをおすすめします。お米から得られるブドウ糖は、脳に必要なエネルギーの源として活躍してくれるのです。また、肉類をいつもより多めに食べるのもいいでしょう。肉類はタンパク質をたっぷりと含むため、食べると元気になれます。また、タンパク質を構成するアミノ酸は、神経伝達物質であるセロトニンやドーパミンの材料となります。勉強するみなさんの脳を活性化させ、やる気や集中力をアップさせます。

食事量は、基本的に朝食・昼食を多めに、そして夕食を少なめにするのがいいといわれています。夜は身体の働きが活発でないため、昼間と比べて栄養を必要としないからです。また、夕食でお腹をいっぱいにさせてしまうと、その後眠くなってしまいます。「夜も勉強を頑張るぞ」と思っているときは軽めの食事を心がけるのが無難です。

最後に、入試当日に心がけたいこと。まずは、やはり朝ご飯をしっかり食べることです。あとは、「本当に効く」と思えるお守りがあれば、身につけていくのもいいですね。頭も身体も、万全の体制で本番に挑んでください。みなさんの健闘をお祈りしています。

### A 体調が万全でなくても「できる」と信じて

あまりにも痛くて動けない、というのであれば無理は禁物です。そうではなく、「少しお腹の調子が悪いな」と感じる程度なら、試験問題を解くことはできるはず。たびたび出る症状なのであれば、なおさらのことです。あらかじめ、家でお腹が痛くなったときに問題集を試してみてください。意外と、思っていた以上に解けるのではないでしょうか。「少しくらい体調が悪くてもできる！」という経験をしておけば、それが、「どんな状況でも受かってみせる！」という自信になるでしょう。先輩には、風邪で39度の熱を出しても東大理Ⅲに受かった強者もいます。一番よくないのは、「お腹が痛くなるかもしれない」と、心配しすぎてしまうこと。それが誘発剤になってしまう可能性があるからです。また、薬を飲む場合、「これを飲めば大丈夫！」という安心につながることはいいのですが、なかには眠くなる成分が入っているものもあるので気をつけてください。とにかくあまり考えすぎず、自分を信じることが大切です。

# 教えてマナビー先生！
# 世界の先端技術

**▶マナビー先生**

日本の某大学院を卒業後海外で研究者として働いていたが、和食が恋しくなり帰国。しかし科学に関する本を読んでいると食事をすることすら忘れてしまうという、自他ともに認める“科学オタク”。

## search 金星探査衛星「あかつき」

### ５年越しの再挑戦で金星探査へ<br>舌を巻かせた技術者たちの執念

夕方、西の空にまだほかの星が見えないときから輝いている星を見つけられるときがあるね。「一番ボ～シ、見いつけた」なんて歌いながら見つける星、それが金星だ。太陽に近いから、夕方に見える宵の明星、朝方に見える明けの明星として知られている明るい惑星だ。

今回紹介するのは、JAXA（宇宙航空研究開発機構）が打ち上げた金星探査衛星「あかつき」。

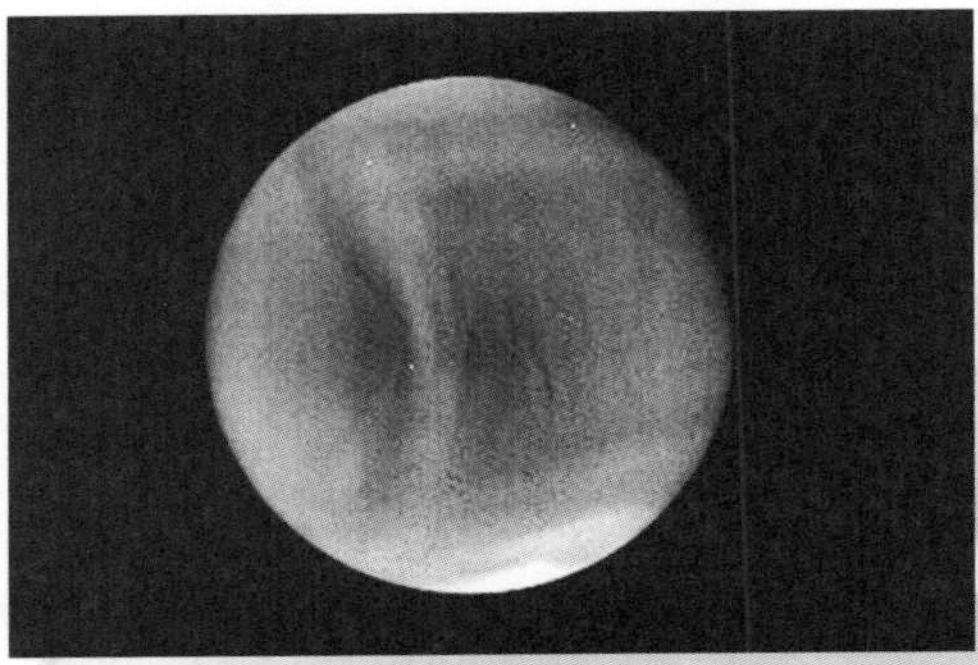

今回、「あかつき」が姿勢制御用エンジン噴射後に撮影した金星画像（写真提供＝JAXA）

じつは、あかつきは５年前に打ち上げられ、金星を回る軌道に乗せようとメインエンジンを噴射したのだけど、残念なことに目的の軌道に乗せることができなかった。だけど、技術者たちは諦めず、５年の間、太陽の周りを回り続けていたあかつきを金星の軌道に乗せるための調査、研究を続けていたんだ。

調査の結果、失敗の原因はメインエンジンの故障だったとわかった。メインエンジンが使えないんじゃ、もうダメかな、と思われたけど、残された姿勢制御用の小さなエンジンを使い周回軌道に乗せることができないか、色々と調べ続けた。

ただ軌道に乗せればいいのではなくて、３つの大きな条件があった。１つ目は「十分な観測を行うため３年近く金星の周りを回れること」、２つ目は「金星を回る間、連続して日陰に入る時間を90分以内にすること」、太陽光で充電するバッテリーが日陰では90分までしかもたないためだ。

３つ目は「熱を逃がす放熱材の部分に太陽の光があたらないよう姿勢を絶えず制御して保つこと」だ。

これらに適した軌道を割り出すために、膨大な計算と、姿勢制御エンジンの使い方を何度も調べ、そうして2015年（平成27年）12月７日が選ばれた。ちょうど前回の失敗から５年目の日だった。

地球と金星の距離は遠い。リモートコントロールはできない。朝８時51分、あらかじめ指令室から送っておいたプログラムに従って、あかつきのコンピュータが姿勢制御エンジンを20秒間噴射した。そして計測の結果、あかつきは無事金星の軌道に乗ったことが確認されたんだ。探査機の状態も正常で、5台のカメラのうち３台は確実に動作して、さっそく、初めて見る金星の写真を地球に送ってきた＝**写真**。

金星のことはほとんど知られていない。地球と同じ46億年前に誕生した惑星だけど、地球とはまったく違った環境なんだ。地球からの観測だけではわからなかった多くのことが、あかつきの観測データからわかってくるのではないだろうか。2016年（平成28年）４月からの本格稼働でどんなデータが得られるか楽しみだね。

※このページは31ページから読んでください。

ろうか。

これはちょっとばかり難しい。「何百人」というのがポイントなんだ。

peopleはone, two, threeと数えることはできない。なにしろ「人々」って大勢だけど、その数は決まっていない。

だから、a hundred people だとか two hundreds peopleなんて言うわけにはいかないね。それで、hundreds of people(＝何百人)という言い方をするんだ。

なお、数字と組み合わせると、100 peopleという言い方もある。例えば、The earthquake killed 1,000 people.(＝地震で1000人が死んだ)という新聞記事のようにね。

**正解 (7) Hundreds of people**

8．A：What(何) does your(君の) teacher(先生) look(見える), Lisa(リサ)?

B：Well(え～と), he's(彼は) tall(背の高い) and(そして) slim(細身の) with(を伴う) short(短い) dark(黒い) hair(髪), and(そして) looks(見える) really(本当に) cool(冷静な) in(で) a business suit(背広).

これは難問だ。とはいえ、lookの用い方をよく知っている人にとってはすぐに答えられる問いだろう。

「リサ、君の先生はどんなふうに見えるんだい？」「え～とね、先生は背が高くて細身で髪は黒くてショートヘアで、服装は背広で本当に落ち着いた感じよ」という意味だ。

ポイントはlook。lookは、look forだと「探す」だとか、look inだと「のぞく」だとか、look downだと「うつむく」だとか、色々な用い方がある。

そして、決め手はLisaの答えの内容だ。身長や体つきや髪といった身体の特徴、また服装から受ける感じを述べている。これは、外見や印象について答えているんだね。

そういう見た目や感じはlook like(＝のように見える、似ている)で表現するんだ。

**正解 (8) look like Lisa**

9．He(彼は) will(でしょう) not(ない) be(いる) back(戻って) late(遅く), so(そうだから) please(ください) call(電話する) tomorrow(明日).

このままだと、「彼は遅くには帰ってこないでしょう、ですから明日電話をくださいね」ということになってしまう。遅く戻ってはこない(＝早めに帰ってくる)のなら、「今夜電話をください」と言うはずだね。

ということは、「遅くは帰ってこない」ではなくて、「帰りが遅くなる」ということに違いない。

では、「早く帰ってはこない」を言いかえてみよう。「遅くまで帰ってこない」ということになるね。lateは「遅い」だから、「まで」を補って、「遅くまで」と言えばいい。こう気づいた人はエラ～イ！　それが正解だ。

さて、それならば、He will not be back lateという文のどこに、どういう単語を入れたらよいのだろうか。これは「遅くまで」という表現から答えが導きだせる。

「まで」は英語ではtillを用いる。till lateで「遅くまで」という意味になるのだ(なお、tillの代わりに、やや堅苦しい言葉だが、untillでもかまわない)。

**正解 (9) back till [until] late**

いよいよ最後の問いだよ。これもかなり難しいだろう。毎日、生きた英語に触れていれば簡単にわかるが、中学校の授業でしか英語を学んでいなければ、すぐには正しく答えられないレベルの問題だ。

10. I(私は) try(努める) to(ことに) meet(会う) my(私の) grandparents(祖父母) a(1) week(週間), either(か) on(に) Saturday(土曜日) or(または) Sunday(日曜日).

この文はこのままなら、「私は祖父と祖母に、土曜日か日曜日かに1週間会うように努めよう」という意味になり、わけのわからないことになる。意味が通るようにするには、どう考えるといいだろうか。

手がかりは、a weekと、either on Saturday or Sundayとのつながりだ。「1週間」と「土曜日か日曜日かに」をうまく結びつけるには、「1週間に1回、土曜日か日曜日かに」と考えるしかないね。

だとすれば、「1回」という意味の単語を加えれば意味が通ることになる。そうすれば、「私は祖父と祖母に、1週間に1回、土曜日か日曜日かに会うように努めよう」という文になる。これが正答だ。

**正解 (10) grandparents once a**

さすが青山学院の英語だけあって、結構手応えがあっただろう。

入試本番まで残る日数は少ない。最後の最後まで、英語の言い回しを(とくに、いかにも英語らしい言い回しを)1つでも多く記憶するように努めよう。

るが、後ろの文が意味不明だ。

で、よく考えてみると、車から荷物を降ろそうとしている場面らしいと見抜いて、「道路に運び降ろすのを手伝ってくれないか？」という意味に違いない、と推測できるだろう。

ポイントは、＜Can you help me ～　～を手伝ってくれませんか＞という決まり文句。

**正解　(2) you help me**

3. I(私は) had(持っていた) very(とても) money(お金) left(残り), so(それで) the only(1つだけ) present(贈りもの) I(私が) could(できた) buy(買う) was(は) a(1本) pen(ペン).

これは少し難しい。このままなら、「私はとても残りのお金を持っていたので、買うことのできた贈りものはペン1本だけだった」となり、意味が通らない。お金をたくさん持っているのなら、高価な品物を買えたはずだ。

ということは、「私の持っていたお金の残りはとても○○だったので、プレゼントに買えたのはペン1本だけだった」という意味になるように1語を補うと答えが出るだろう。

ポイントは、＜Have little ～　～をほとんど持っていない＞＜Have very little ～　～をほんの少ししか持っていない＞だね。

I have a little money.は「お金を少し持っている」だが、I have little money.は「お金をほとんど持っていない」だ。このlittleをしっかりと覚えているかどうかが問われている。

**正解　(3) very little money**

4. When(とき) I(私が) was(いた) in(に) elementary(初等) school(学校), I(私は) had(持っていた) a(1人) friend(友だち) name(名前) was(だった) Yukichi(ユキチ).

「私が小学校に通っていたとき、私にはユキチという名の友だちがいた」という意味だよね。日本語ならこれで通じそうなものだが、英語は違う。

＜I had a friend＞という前文と、＜name was Yukichi＞という後文をただ並べるだけではいけない。この2つを結びつける語が必要だ。この2つの文はちゃんとした関係があるということを示す言葉が関係詞(関係代名詞・関係副詞)だ。

前文の最後のfriendと後文の最初のnameの関係はなんだろうか。それは、このnameがfriendのnameだということだね。そこで、whose(＝その人の)を2つの文を結ぶのに使うのだ。

**正解　(4) friend whose name**

5. A：I'm(私は {いる}) in(なかに) a hurry(急ぎ)!　Could(できます) you(君は) tell(告げる) me(私に) what(なに) the time(時間), please(どうか)?

B：Sorry(残念だ), I'm(私は {だ}) not(ない) wearing(身につけている) a watch(時計).

「私、急いでいます！　いま何時か教えていただけませんか？」「すみません、時計を持っていないんです」という意味だね。

これは間接疑問の問いで、ポイントは、isの位置だ。＜直接疑問　(ex) What is the time?　「時間は？」＞で「時間は何時だ？」とわからないことを直に問うのと、＜間接疑問　(ex) Tell me what the time is.　「時間を教えろ」＞でまず「私に言ってくれ」と頼んで、それから「時間が何時かを」と問いをはっきりさせるのとでは異なる。前者は疑問文だが、後者は命令文だよ。

**正解　(5) time is please**

6. I(私は) like(好む) vegetables(野菜), but(だが) my(私の) parents(両親) say(言う) I(私は) must(ねばならない) eat(食べる) them(それらを).

これは易しい問いだから、誤るわけにはいかない。このままでは、「私は野菜が好きだけれど、両親は私が野菜を食べなければいけないと言う」となってしまう。これでは意味が通じない。「私は野菜が嫌いなのに、両親は食べなければいけないと言う」だったらいいね。

つまり、「野菜が好きだ」を否定すればいい。Iとlikeの間にdo notを入れればよいが、それだと2語で×になる。don'tと1語にしてしまえば○だね。

**正解　(6) I don't like**

7. Hundreds(何百人) people(人々) were(た) watching(見ている) the final(最後の) moments(瞬間) of(の) the baseball(野球) game(試合).

「何百人もの人たちがその野球試合の最後の瞬間を観戦していた」という意味だね。この文で十分のようにみえる。いったい、この英文のどこに言葉の不足があるのだ

※このページは31ページから読んでください。

教育評論家 正尾 佐の

# 高校受験指南書

［百十の巻］

## 今年出た大学附属・系列校の問題2

## 英語

Tasuku Masao

今号は、「今年出た大学附属・系列校の問題」シリーズの第２弾、英語問題だ。

ページ数が限られているので、短文問題を取り上げる。青山学院の問題だよ。

各文には抜けている単語が１つあり，文法的に間違っているか，意味が通らない文になっています。最も適切な文となるよう，抜けている単語とその前後の単語を書きなさい。ただし，句読点(ピリオドなど)は単語とみなさないので注意すること。以下に例を示します。

例１．　Tokyo is bigger Kyoto.
　　　bigger　　than　　Kyoto

例２．　You like soccer, you?
　　　soccer　　don't　　you

1. Masaya finally decided go abroad to study English.
2. This box is too heavy!　Can you me to carry it down the street?
3. I had very money left, so the only present I could buy was a pen.
4. When I was in elementary school, I had a friend name was Yukichi.
5. A: I'm in a hurry!　Could you tell me what the time, please?
   B: Sorry, I'm not wearing a watch.
6. I like vegetables, but my parents say I must eat them.
7. Hundreds people were watching the final moments of the baseball game.
8. A: What does your teacher look, Lisa?
   B: Well, he's tall and slim with short dark hair, and looks really cool in a business suit.
9. He will not be back late, so please call tomorrow.
10. I try to meet my grandparents a week, either on Saturday or Sunday.

脱語挿入の問題だね。英語に自信のある人やチャレンジ心の旺盛な人は、このあとを読まず、まずこの問題を自力で解いてみよう。それから、じっくりと解説を読んでほしい。

さて、例を確認しよう。例１は比較級の文で、＜～ er than …＞の thanが脱落しているんだね。

例２は付加疑問文で、文の終わりに、＜don't you＞を付け加える。付加疑問文というのは、「ですよね」と(優しい感じで)念を押したり、同意を求める文だって、知っているよね。

では、問いを１から順に見てみよう。文の意味は大体見当がつくね。

1. Masaya(マサヤ) finally(とうとう) decided(決心した) go(行く) abroad(外国へ) to(のに) study(学ぶ) English(英語).

「マサヤはとうとう英語を勉強しに外国へ行くと心を決めた」というのだが、ポイントはdecidedだ。これはdecideの過去形だね。＜decide to ～　～しようと心を決める＞を知っていれば易しい問題だ。

**正解**　**(1) decided to go**

2. This(この) box(箱) is(は) too(あまりに) heavy(重い)! Can(できる) you(君は) me(私に) to(のを) carry(運ぶ) it(それ) down(下に) the street(通り)?

この文のままでは、「この箱は重すぎる！　それを通りに運び降ろすのを私に君はできるか？」ということにな

# 国語

# 東大入試突破への現国の習慣

田中コモンの今月の一言!

## 国語の答案に必要なのは、相手を納得させる合理性です。

田中《たなか》 利周《としかね》先生

早稲田アカデミー教務企画顧問

東京大学文学部卒。東京大学大学院人文科学研究科修士課程修了。文教委員会委員。現国や日本史などの受験参考書の著作も多数。

### グレーゾーンに照準! 今月のオトナの言い回し 「リーズナブル」

「国語の解答って、いい加減だと思います!」筆者のところに詰め寄ってきた教え子がいます。成績優秀な生徒さんです。英語と数学の成績は抜群で、本人も「得意です」と自負しています。そんな中で「国語の成績には納得がいかない!」ということなのですが。「国語の読解問題で、傍線部の理由を答えさせたりする場合、数学のように証明ができないじゃないですか。それって数学と違って国語はいい加減だということになると思うのですが、違いますか!」ドキリとさせられる鋭い質問です。単に成績が振るわないことに対するグチを語りにきたとか、国語という科目に対する八つ当たりを述べにきた、というストレス発散(笑)のために筆者のところにやってきたのではなさそうです(あ、ストレス発散でもいいのですよ! 内にこもって悩み続けてモンモンとするよりも、外に向けて何かを発信することは精神衛生上もいいことだと思いますので!)。筆者としても真剣な質問に対して、真剣に向き合わなくてはならないと覚悟を決めました。そして次のように生徒さんに返答したのです。「確かに国語の解答は、いい加減ですよ。」あっさりと認めてしまいました。肩透かしをくらったような格好の生徒さんは、かえって戸惑ってもいるようです。そこで、「でもそのいい加減というのは漢字で書いて考えてみてくださいね」と、伝えました。それはどういうことでしょうか?

「良い加減」と書いて「いい加減」と読むことができます。辞書で確認してみてほしいのですが、「いい加減」には相反する意味が含まれています。一つは、生徒さんが指摘した内容での「おおざっぱで、無責任」という意味です。そして、もう一つが「適度」という意味になります。「ちょうどいい加減のお風呂の温度」という用法がなじみやすいでしょう。国語の読解での解釈というのは、この「良い加減」の推論を追求するものなのだということを理解してほしいのです。

「数学とはどこが違うのですか?」生徒さんの追及はとまりません(汗)。数学の証明のような論理的推論には、大きな特徴があります。それは「前提がすべて真であれば、結論も必ず真となる」というものです。中点連結定理を使って図形が平行四辺形であるということを証明する、なんていうのはまさにこのパターンですよね。これに対して、国語の読解での解釈というのはどうでしょうか。「傍線部の箇所での主人公の心情を説明しなさい」という問題をイメージしてみてください。決まった定理があるわけではありませんよね。論拠を挙げるとしても、「文章中で主人公がこんな行動をとっている」という箇所を指摘できるくらいです。さらには、そんな行動をとっているからといって、こうした心情でいるに違いない、という結論を導き出すことも、あくまでも蓋然《がいぜん》的なもの（確実とはいえないもの）でしかないのです。つまり国語の読解では、論拠に関しても、論拠から結論への移行に関しても、数学的には「いい加減」な推論でしかないと言えます。だからこそ、別の観点から「良い加減」の推論を追求しなくてはならないのです。ここで求められる観点こそが国語的なものなのです。そしてそれは、誰もが納得できるという意味での「合理性」ということになります。

「合理性？…ですか」なんだか難しげな話になって、教え子はさらに戸惑いの度を深めている様子にも見えます。英語を得意としている生徒さんですので聞いてみました。「reason（リーズン）という単語の意味は知っていますか？」「はい、理由とか、道理という意味です。」「そうですね。ではreasonがもとになったreasonable（リーズナブル）という単語の意味は知っていますか？」「え、あ、はい。リーズナブルという言葉は知っています。値段が安いという意味だと思います。」「いえいえ、リーズナブルは合理的という意味なのですよ！」

「リーズナブル」という言葉の本来の意味は「リーズン」という言葉の意味をふまえて「道理に合った・納得のできる」という意味になります。そこから「納得のできる手ごろな値段」という意味で「妥当性のある値段」を意味することもあるのです。「激安」という意味で覚えてしまっている生徒さんはいませんか？　決して「安い」というだけではありませんのでご注意を。

国語で求められるのは、このリーズナブルな解答なのです。それは相手を納得させられるだけの妥当性を持った解答という意味になります。ここで言う相手とは「採点者」のことであり、その人を説得するという意識が必要です。コミュニケーションの中で理性を働かせることこそ、国語の学習の目指すべき姿なのです。「問題と向き合うだけの数学と違い、国語には人間の相手がいる、ということですよね？」その通りです。文中の言葉を使いながら、良い加減に相手に伝わる答案を目指しましょう！

## 慇・懃・無・礼?!　今月のオトナの四字熟語

# 「優先順位」

「何て効率の悪い勉強の仕方をしているのだろう！」中学生を抱える親御さんがお子さんの行動を見るにつけ、思わず叫んでしまうセリフです。筆者のところにもよく「ご相談」が舞い込むのですが、お子さんの「問題行動」について「優先順位がうまくつけられていないのではないか」とおっしゃる親御さんが多数です。そこで「具体的にどのような問題が起こっているのでしょうか？」と質問をしてみますと、「問題行動」と呼ばれるものが次々と挙げられてきます。その中から共通の要素を抽出してみますと以下のようになります。

先ずは「宿題などの課題の期限を守れない！」という問題点です。定期テスト対策のように「タイムリミット」があるものにも当てはまります。結局「間に合わない」という事態に陥るのですが、これは「あるのが分かっていて、どうして対応をしないのか？」つまり「期限があるのになぜ、いつまでも手をつけずに課題を放っておくのか？」という問題点につながっていきます。また「間に合わない」という最悪の事態を避けるためだけに対応する行動にも問題があります。「タイムリミットが近づくと、切羽詰っていい加減に仕上げる」という点です。「やらないよりはマシ」というレベルになるくらいなら「どうして最初から対応しないのか？」という同じ指摘となります。あまつさえ、対応をしていたとしても「あれもこれもと手をつけて、結局いつもドタバタとしている」という問題点が指摘され、親御さんとしては「何をやっても、やらなくても、問題点だらけだ！」という叫びとなってしまうのでした（笑）。

確かにこれらの問題行動は、優先順位が上手につけられていない結果に思えます。でも、なぜそれほど多くの子どもたちが優先順位をつけられないのか、という点も考えてあげて下さい。目の前のことにだけ関心が集中してしまい、全体的な視野で物事を捉えられない。これが問題行動の原因でしょう。けれども、思春期に突入した中学生というのは日常そのものが悩みの真っ只中にあるわけで、俯《ふ》瞰《かん》的に今の自分の状態を見るということは、なかなか難しいことではないでしょうか。むしろ、思春期の子どもたちの脳内では大人の都合によって導き出された優先順位は全く当てはまらない、と覚悟したほうがいいように思います。彼らには彼らなりの「やむにやまれぬ事情」＝優先順位があるということです。その点をふまえないと親子は平行線をたどることになってしまいますからね。

われわれオトナも思春期だった頃を思い出しましょう。理解を示しつつ、適切な励ましこそ「優先」しましょう！

いに答えなさい。ただし，円周率は$\pi$とする。

(1) この円すいの体積を求めなさい。

(2) この円すいにおいて，2点A，D間の距離を求めなさい。（神奈川県・一部略）

**<考え方>**

(2) △CAB上で、三平方の定理を活用します。

**<解き方>**

(1) CO⊥AOだから、△CAOで三平方の定理より、$CO=\sqrt{10^2-3^2}=\sqrt{91}$(cm)

よって、円すいの体積は

$\frac{1}{3}\times\pi\times3^2\times\sqrt{91}=\mathbf{3\sqrt{91}\pi}$(cm³)

(2) 点Aから線分BCに垂線を引き交点をHとすると、△CAO∽△ABHで、その相似比は5：3

よって、$AH=\frac{3}{5}CO=\frac{3}{5}\sqrt{91}$、また、$BH=\frac{3}{5}AO=\frac{9}{5}$より、$DH=\frac{16}{5}$

ゆえに、△ADHにおいて三平方の定理より、

$$AD=\sqrt{\left(\frac{3}{5}\sqrt{91}\right)^2+\left(\frac{16}{5}\right)^2}=\mathbf{\sqrt{43}}\text{(cm)}$$

最後は、球の接線に関する問題です。

**問題3**

右の図のように，半径3cm，中心Oの球Oが点Hで平面に接している。HOの延長上にOS=6cmの点Sをとり，

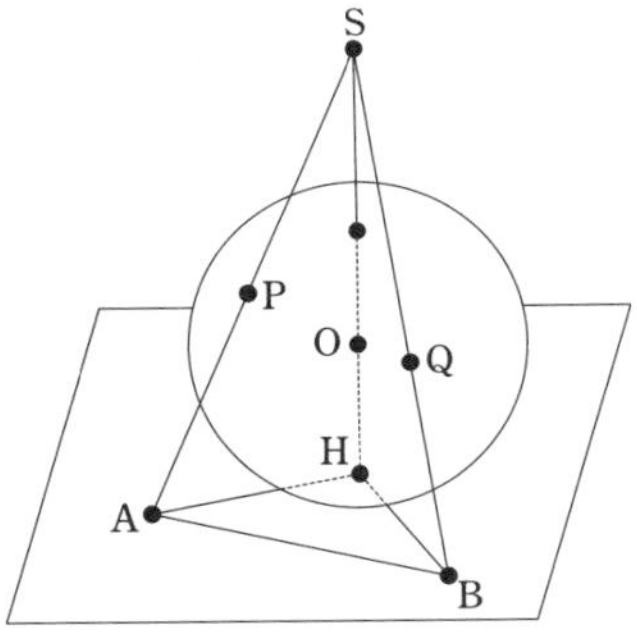


この点Sを通り，点Pで球Oと接する直線SPと平面との交点をAとする。同様に，点Sを通り，点Qで球Oと接する直線SQと平面との交点をBとする。このとき，次の問いに答えなさい。

(1) 線分AHの長さを求めなさい。

(2) ∠AHB=90°のとき，△SABの面積を求めなさい。（市川・一部略）

**<考え方>**

(1) 円と同様に、接線と接点を通る半径とは垂直になります。

(2) △SABはSA=SBの二等辺三角形で、∠AHB=90°のとき、△HABは直角二等辺三角形になります。

**<解き方>**

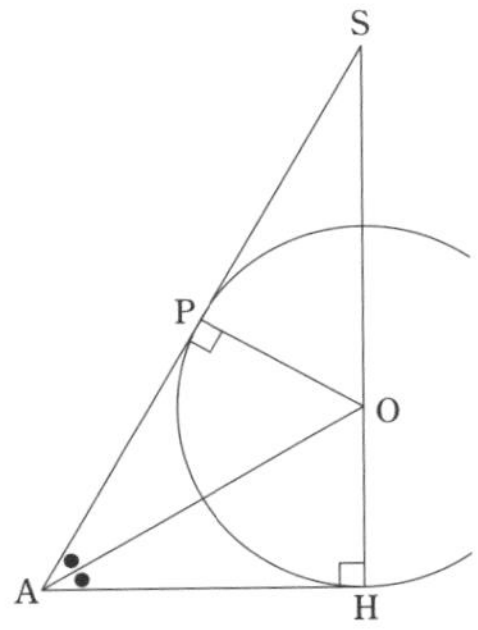


(1) 右図において、△SOPはSO=6、OP=3の直角三角形より、三角定規の形だから、∠ASH=30°

線分AOは∠SAHの二等分線だから、∠OAH=$\frac{1}{2}$∠SAH=30°

よって、$AH=\sqrt{3}OH=\mathbf{3\sqrt{3}}$(cm)

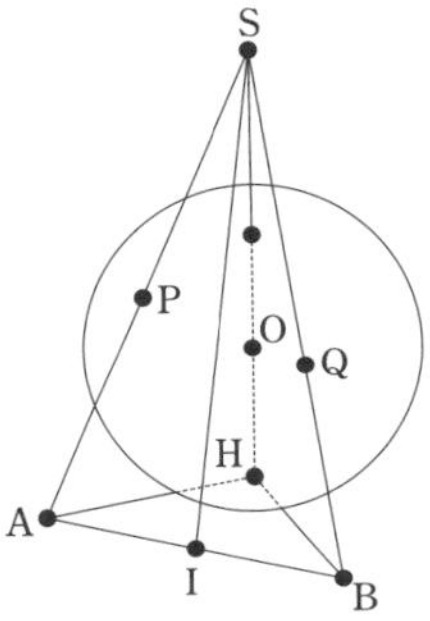


(2) 右図のようにABの中点をIとすると、△SABはSA=SBの二等辺三角形だから、SI⊥AB。また、$SA=2AH=6\sqrt{3}$

また、△HABはHA=HBの直角二等辺三角形だから、$AB=\sqrt{2}AH=3\sqrt{6}$

よって、$AI=\frac{3\sqrt{6}}{2}$

したがって、△SAIで三平方の定理より、

$$SI=\sqrt{SA^2-AI^2}\sqrt{(6\sqrt{3})^2-\left(\frac{3\sqrt{6}}{2}\right)^2}=\frac{3\sqrt{42}}{2}\text{(cm)}$$

よって、$\triangle SAB=\frac{1}{2}\times3\sqrt{6}\times\frac{3\sqrt{42}}{2}=\mathbf{\frac{27\sqrt{7}}{2}}$(cm²)

円すいや球などの回転体については、その体積、表面積を求める公式を正確に覚え、それを使いこなす練習をすることがまず必要です。さらに立体の問題では、相似と三平方の定理が大いに活躍します。これらの定理を正しく使うためにも、手早く適切な図が描けることがポイントになります。問題の図に必要な線分などをつけ加えるだけで解けるものもありますが、図を描く手間を惜しんで勘違いや思い込みによるミスを犯さないように注意しましょう。

# 数学

# 楽しみmath数学！DX

## 回転体の問題は手早く適切な図が描けるかがポイント

**登木 隆司先生**

早稲田アカデミー 城北ブロック ブロック長
兼 池袋校校長


今月は、円すいや球の問題について見ていきましょう。

まずは平面図形を回転させたときにできる立体の体積を求める問題です。

**問題1**

右の図で，△OABはOA＝5cmの直角二等辺三角形，$l$は辺OAと平行で辺OAとの距離は5cmです。△OABを，辺OAを軸として1回転させてできる立体をP，直線$l$を軸として1回転させてできる立体をQとします。立体Pの体積を求めなさい。

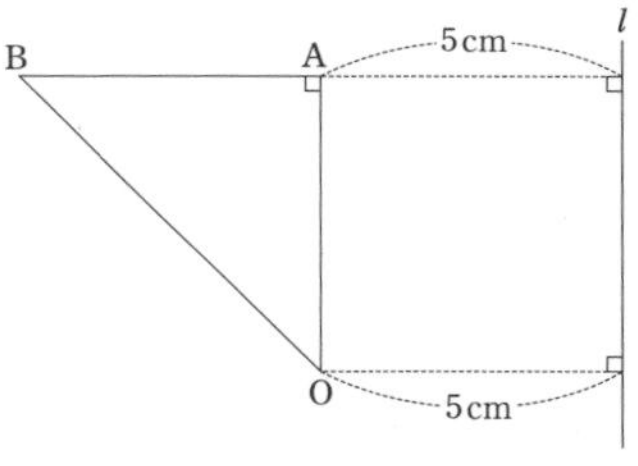


また，立体Pの体積は，立体Qの体積の何倍ですか，求めなさい。　（北海道・改題）

**<考え方>**

回転してできる立体の見取り図を描いて考えましょう。

**<解き方>**

立体Pは底面の半径が5cm、高さが5cmの円すいだから、その体積は

$\frac{1}{3}\times\pi\times5^2\times5=\frac{125}{3}\pi$(cm$^3$)

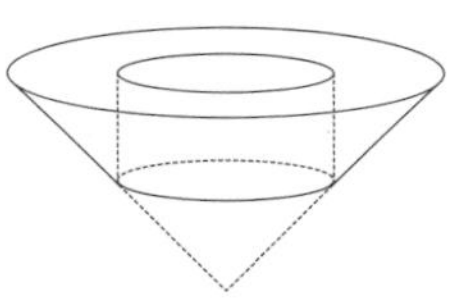

立体Qは右図のように、底面の半径が10cm、高さが10cmの円すいを頂点から5cmのところで切断してできる円すい台から、底面の半径が5cm、高さが5cmの円柱をくり抜いた立体である。円すい台の体積は、もとの円すいの$1-(\frac{1}{2})^3=\frac{7}{8}$であるから、立体Qの体積は

$\frac{1}{3}\times\pi\times10^2\times10\times\frac{7}{8}-\pi\times5^2\times5=\frac{125}{3}\pi\times7-125\pi=\frac{125}{3}\pi\times4$

したがって、立体Pの体積は、立体Qの体積の$\frac{1}{4}$倍

次も円すいに関する問題です。

**問題2**

右の図は，線分ABを直径とする円Oを底面とし，線分ACを母線とする円すいであり，点Dは線分BCの中点である。

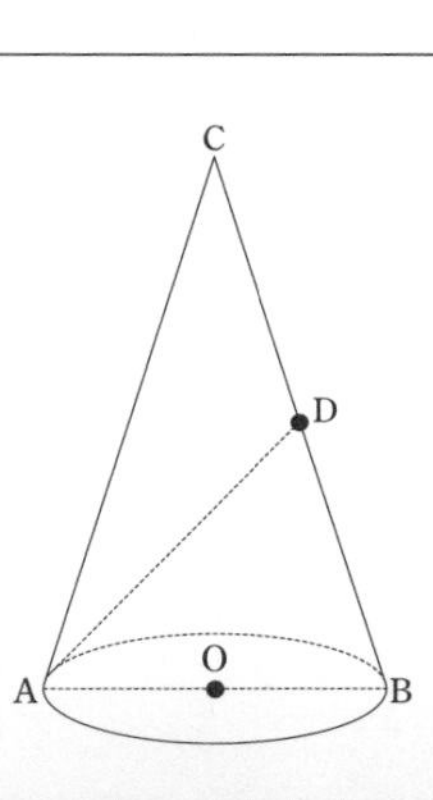


AB＝6cm，AC＝10cmのとき，次の問

# 英語で話そう！

**川村 宏一先生**

早稲田アカデミー　教務部中学課
上席専門職

朝がちょっぴり苦手な中学３年生のサマンサは、父(マイケル)と母(ローズ)、弟(ダニエル)との４人家族。

ある日の夕方、サマンサはローズといっしょにおとなりに住むベーカーさんの家を訪れました。ローズとサマンサがベーカーさんの趣味について尋ね、それにベーカーさんが答えています。

Rose　：What is your hobby, Ms. Baker? …①
ローズ：ベーカーさん、ご趣味はなんですか。

Ms. Baker　：I like painting pictures. …②
Do you see that picture on the wall? I painted it myself.
ベーカーさん：私は絵を描くのが好きなの。壁にかかっている絵が見えるかしら。私が自分で描いたものなの。

Samantha：Great. When did you paint it?
サマンサ　：すごいですね。あの絵はいつ描いたのですか。

Ms. Baker　：Three years ago. …③
I painted it when I visited London.
ベーカーさん：３年前ね。ロンドンを訪れたときに描いたのよ。

Samantha：I like this picture very much.
サマンサ　：私はこの絵が大好きです。

Ms. Baker　：Thank you.
ベーカーさん：ありがとう。

**今回学習するフレーズ**

| | |
|---|---|
| 解説①　hobby | 「趣味」<br>(ex) His hobby is collecting stamps.<br>「彼の趣味は切手収集です」 |
| 解説②　like ～ing | 「～することが好き」<br>(ex) She likes reading books.<br>「彼女は本を読むことが好きだ」 |
| 解説③　～ago | 「(いまより)～前に」<br>(ex) I saw him two months ago.<br>「私は彼に２カ月前に会った」 |

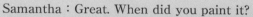

たらしいですよ。

**澤田**：イタリア半島出身の英雄として憧れていたんでしょうね。ナポレオンが皇帝になったのもそこに影響を受けているんですか？

**野口**：そのようです。実際、ナポレオン自身がクーデターを起こして作った政府での３人の統領を置くという仕組みは、カエサル時代の三頭政治を模倣していますからね。

**澤田**：なるほど。ところで、ナポレオンが皇帝になったことについては、否定的に評価されているイメージが強いのですが、その点も高校では掘り下げて学習しますか？

**野口**：はい。「解放者」から「侵略者」になった、という言い方をされたりしますが、実際には二面性があります。というのも、周辺のスペインやオランダを征服していきましたが、結果としてそれがフランス革命の思想をヨーロッパ諸国に普及させることにつながりました。そしてそれが、のちに各国での革命へとつながっていったのです。

**澤田**：ナポレオンの意図はともかく、単純に正義か悪かではとらえきれないということですね。

**野口**：そうです。ちなみに、いま話したような二面性は筑波大の論述問題などでも出題されていますから、単に高校で習うというだけでなく入試でも必要になってくる視点と言えます。

## 高校理科の紹介

**吉田**：理科は高校になると、非常に複雑で難しくなります。さっそく苦手にしてしまう高校生は多いです。例えば中学の物理で習う運動の法則「慣性の法則」と「作用・反作用の法則」は、じつは「ニュートン力学の第１法則」と「第３法則」なのです。

**澤田**：ということは、「第２法則」があるのですね？

**吉田**：そう。それが高校でおもに学習する「運動方程式」です。これがじつは物理の運動の法則のなかで最も頻出で大切な公式です。また、この法則をもって運動の法則は完成し、すべての運動を表せるようになります。よって、一気に勉強の幅が広がっていきます。

**野口**：いままでの運動の法則は高校の前哨戦だった、というところでしょうか。

**吉田**：そんなところですね。また「化学」では、「酸化と還元」という単元があります。中学理科では、「酸素がくっついたり離れたりする反応」としか扱いません。

**澤田**：10円玉が錆《さ》びて黒っぽくなる、というやつですね？

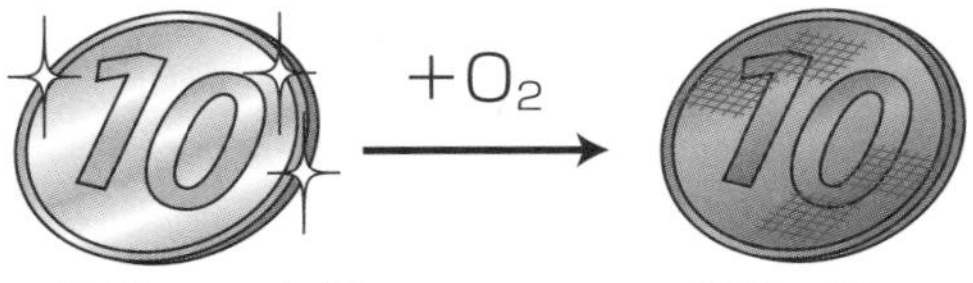


$2Cu + O_2 \longrightarrow 2CuO$

銅　　　　酸化銅

**吉田**：そうです。それを化学反応式で書くと、左下のようになります。

そして、高校理科では、上記の「酸素の授受」のほかに、「水素の授受」、「酸化数の上昇降下」といった色々な酸化還元の指標があります。

なかでも最も大切なのは「電子の授受」です。電子をあげたり、受け取ったりといった理解が、最も本質的で重要になってくるのです。

しかし、電子は目に見えず、結果化学反応式には表されません。よって高校では同様の酸化還元の反応式が、一気に複雑になります。例えば、

酸化剤：$KMnO_4$と還元剤：$H_2O_2$の反応（硫酸酸性条件）

$MnO_4^- + 8H^+ + 5e^- \rightarrow Mn^{2+} + 4H_2O$
$H_2O_2 \rightarrow O_2 + 2H^+ + 2e^-$

上式×2、下式×5をして…

$2MnO_4^- + 16H^+ + 10e^- \rightarrow 2Mn^{2+} + 8H_2O$
$+)\ 5H_2O_2 \rightarrow 5O_2 + 10H^+ + 10e^-$

$2MnO_4^- + 6H^+ + 5H_2O_2 \rightarrow 2Mn^{2+} + 8H_2O + 5O_2$
$2K^+ \quad 3SO_4^{2-} \quad 2SO_4^{2-} \quad 2K^+SO_4^{2-}$

$2KMnO_4 + 3H_2SO_4 + 5H_2O_2 \rightarrow 2MnSO_4 + 8H_2O + 5O_2 + K_2SO_4$

という具合です。

**野口**：とても複雑そうですね。これは入試問題ですか？

**吉田**：違います。なんとこれは高校１年生の定期試験でよく出てくる、基礎的な酸化還元の反応式です。高校１年生になったら、文系に進みたいという人もこれくらいは書けないといけません。

**澤田**：それは大変ですね…。高校に入ると理科で苦労をする生徒が多いと聞きますが、うなずけますね。

**吉田**：中学内容が基盤になっている単元も多いので、入試で理科を勉強していない人はさらに要注意です。理論的な科目なので、高校１年生の初めからしっかり理解していかないと、あとから取り返しがつきません。これから高校生になるみなさんには、初めから一生懸命理科を学んでほしいですね。

ここまで、３号連続で高校での学習について取り上げてきました。みなさんにとってみれば、まずは、高校への進学が最重要。一方で、高校合格に向けての「本気」の学習は、高校入学後において生きてくることも事実です。最後まで精一杯取り組んで合格してください。そのあとは、我々早稲田アカデミー大学受験部門Success18でともに歩んでいければと思っています。（完）

# 高校進学、そのさき

## 久津輪 直先生

早稲田アカデミー大学受験部
統括副責任者

入試問題研究に裏打ちされた授業計画と、徹底的な教材分析に基づく緻密な授業のみならず、第一志望合格を勝ち取るまでのプロデュース力で多くの生徒を合格へと導いています。

### 吉田 祥先生

早稲田アカデミー
Success18国分寺
校校長

苦手な生徒も理解できるような工夫された具体例がバンバン飛び出す授業が特徴。本質的理論をもとに、真の理解にこだわった授業が展開され、あなたの成績はグングン急上昇するはずです。

### 澤田 行宏先生

早稲田アカデミー
Success18池袋校

多くの受験生を悩ませる日本史において、必要な知識を1人で取捨選択することは、大きな負担です。断片的に暗記してきた知識を、出題傾向に基づいたきめ細やかな解説で効率よく学習していきます。必ず合格につながる大好評の授業がここにあります！

### 野口 雅史先生

早稲田アカデミー
Success18荻窪校
校長

さまざまな地域の歴史が交錯して受験生を悩ませる世界史を、わかりやすく丁寧に教えていきます。苦手だからなんとかしたいという人も、得意だから伸ばしていきたいという人も、対策は野口にお任せください。

みなさん、こんにちは。早稲田アカデミー大学受験部門Success18の久津輪です。いよいよ高校入試となりました。これまでのみなさんの努力の成果を思う存分に発揮して、合格をつかみ取ってください。

さて、こちらの「高校進学、そのさき」もいよいよ最終回です。ここまで「英語」「数学」とそれぞれ高校での学習を取り上げてきました。この最終回では、「社会・理科」について取り上げます。現在５科目勉強している方だけでなく３科目勉強している方もご覧ください。

## 高校日本史と高校世界史

**野口 雅史先生（以下、野口）：**中学校では「理科」・「社会」というくくりでしたが、高校になると、理科は「物理」・「化学」・「生物」・「地学」、社会は「日本史」・「世界史」・「地理」・「倫理」・「政治経済」・「現代社会」と細分化されます。その結果、内容が深く、難しくなりますよね。

**吉田 祥先生（以下、吉田）：**そうですね。私立高校を受験するみなさんは英数国受験の人が多数ですから、高校に入ってから理社に苦戦するという話をよく聞きます。そこで今回は、中学と高校の社会・理科の具体的な違いをお話ししましょう。

**野口：**ではまず、社会の日本史について澤田先生にお聞きしたいと思います。

**澤田 行宏先生（以下、澤田）：**『［　×　］が摂政になると、冠位十二階の制度や十七条の憲法が定められ…』

［　×　］に入る人物を答えさせる公立高校の入試問題です。野口先生、わかりますか？

**野口：**聖徳太子ですよね？

**澤田：**正解です。でも、高校日本史では「厩戸王《うまやどのおう》（聖徳太子）」と教えられるんですよ。

**野口：**そうなんですか!?

**澤田：**しかも中学校では、蘇我氏は政治を乱す乱暴者、聖徳太子はそれを正す正義のヒーローとして扱われ、対立する人物として紹介されますが、じつは蘇我馬子の娘を妻にしています。さらに母親の穴穂部皇女《あなほべのひめみこ》は馬子の姪っ子、父親の用明天皇は馬子の甥っ子です。用明天皇と推古天皇の２人は兄弟でもあります。

**野口：**へぇ～。聖徳太子と蘇我氏は切っても切れない関係にあったんですね。それにしても、複雑な人物関係ですね。

**澤田：**そうですね。でも、高校日本史ではこれらの人物関係の暗記は必須です。実際に2013年の上智大の入試問題では、この人物関係を答えさせる系図問題が出題されました。

**野口：**とても中学の知識では太刀打ちできないですね。

**澤田：**はい。しかも高校では、馬子は聖徳太子と対立するどころか「協力して政治運営した」と勉強します。この関係は明治大の入試で正誤問題として出題されました。

**野口：**えぇ!?　中学で教えられたことと正反対じゃないですか…。

**澤田：**そうですね。高校では学習する内容が深くなるぶん、「敵－味方」のように単純な関係では正しく理解ができないこともよくあります。ですから、一度習った内容でも油断せず学習に取り組んでほしいですね。世界史はどうなのですか？

**野口：**私も人物に関して話をしますね。澤田先生はナポレオンをご存知ですよね。

**澤田：**軍人出身でフランスの皇帝になった人物ですよね。

**野口：**では、出身地はどこでしょうか？

**澤田：**確かイタリア半島に近い島だったと思いますが…。

**野口：**そうです。答えはコルシカ島で、高校ではそこから習います。元々はイタリア（正確にはジェノヴァ）に属する島だったのですが、ナポレオンの時代はフランス領になっていました。そのため、軍人になろうとパリの学校に入学したナポレオンは、背の低さと訛《なま》りで「コルシカ野郎」などと馬鹿にされていたそうです。

**澤田：**へぇ、英雄として有名な人物にもそんな時代があったんですね。

**野口：**ただ、彼はそれをバネにして勉強に打ち込み、とくに数学と歴史で、優秀な成績を修めたそうです。ちなみに、そのころ熱心に読んでいたプルタルコスの『英雄伝』では、とくに古代ローマ帝国のカエサルの伝記がお気に入りだっ

# みんなの数学広場

TEXT BY かずはじめ
数学を子どもたちに、楽しく、わかりやすく、使ってもらえるように日夜研究している。好きな言葉は、"笑う門には福来る"。

A
×
B
×
C
○
A
×
B
×
C
○
A
×
B
×
C
○

初級～上級までの各問題に生徒たちが答えています。

どの生徒が正しい答えを言っているか当ててみよう。

もちろん、当てずっぽうじゃなく、実際に問題を解いてみてね。

今回は、上級から初級まで、「SPI試験」という大学生が就職活動で受験する試験からの出題です。でもみなさんでもできる問題があるはず。

挑戦してみてください。

## 問 題 編

答えは次のページ

## 上級

ある銀行のP支店、Q支店、R支店、S支店に訪れる人に対してアンケート調査を行い、利用した交通手段を1つだけあげてもらった結果は以下の通り。

表1は、各支店ごとに交通手段の割合を表したもので、表2は、各支店の回答者数が、回答者数全体に占める割合を表したものです。


【表1】

| | P支店 | Q支店 | R支店 | S支店 | 4つの支店の合計 |
|---|---|---|---|---|---|
| 乗用車 | 60% | | 10% | 10% | 24% |
| バス | 20% | | 40% | 20% | |
| 電車 | 10% | 30% | 30% | 60% | |
| その他 | 10% | 10% | 20% | 10% | 14% |
| 合計 | 100% | 100% | 100% | 100% | 100% |

【表2】

| | P支店 | Q支店 | R支店 | S支店 | 4つの支店の合計 |
|---|---|---|---|---|---|
| 回答者の割合 | 20% | 10% | 40% | 30% | 100% |

このとき、電車を利用した人の割合は、回答者数全体の何%を占めるでしょうか。

A
答えは・・・
25%
ちゃんと計算したわよ。
B
答えは・・・
30%
こうなるはず。
C
答えは・・・
35%
回答者の割合が10%
だから…。

## 中級

PとQの２人は、１周24kmのマラソンコースを走ります。Pは時速12km、Qは時速18kmで走り、２人の速度はそれぞれつねに一定であるものとします。

いま、２人はマラソンコース上の同じ地点にいます。Qが走り始めてから50分後にPが走り始めるとき、Qが最初にPに追いつくのはPが走り始めてから何時間何分後でしょうか。

A
答えは･･･
1時間6分後
50分後のスタート
だから…。
B
答えは･･･
1時間18分後
1周が24kmだから…。
C
答えは･･･
1時間30分後
Pが時速12km、
Qが18kmだから…。

## 初級

ある品物を定価の20%引きで売ると、原価の12%の利益が得られました。この品物の定価は、原価の何%の利益を得られるようにつけたものでしょうか。

A
答えは･･･
32%
これで間違いない！
B
答えは･･･
40%
利益ってこれぐらいでしょ。
C
答えは･･･
50%
これで儲かる！

# みんなの数学広場 解答編

## 上級

正解は C

各支店で電車を利用した人の割合が、回答者数全体の何%を占めるかを求めます。
そして、それらを最後に足し合わせます。

P支店で電車を利用した人の、全体に対する割合は、
20%×10%＝0.02＝2（%）
Q支店で電車を利用した人の、全体に対する割合は、
10%×30%＝0.03＝3（%）
R支店で電車を利用した人の、全体に対する割合は、
40%×30%＝0.12＝12（%）
S支店で電車を利用した人の、全体に対する割合は、
30%×60%＝0.18＝18（%）

求める割合は、これらの和になるので、
2＋3＋12＋18＝35（%）

A

×

じゃあ計算が間違っていたんだね。

B

×

前号に続いて当てずっぽうだね？

C

正解

## 中級

正解は C

まず、Qが走り始めて50分後に、Qは、$18\times\frac{50}{60}=15$(km)の地点にいます。

ということは、Pが走り始めるとき、Qは左下の図のようにスタート地点の24－15＝9km手前にいます。

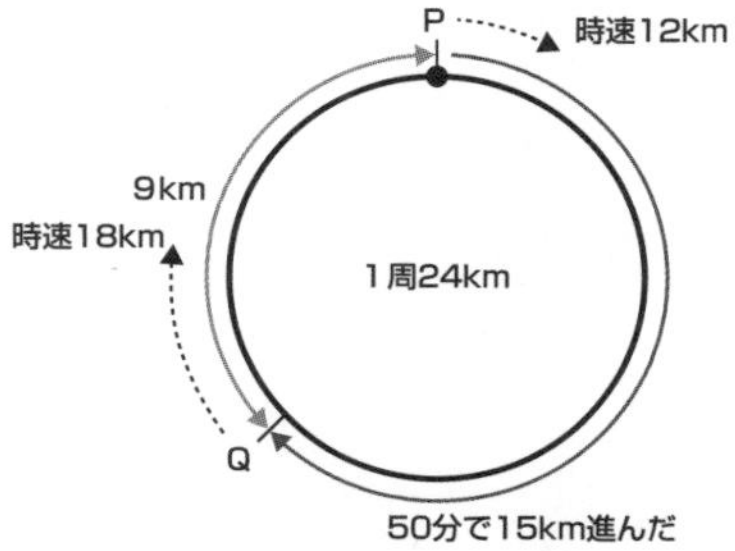


ということは、Pが走り始めるときには、時速18kmのQが、時速12kmのPを追いかけることになるため、毎時18－12＝6kmずつ縮まります。
したがって、Qが最初にPに追いつくのは、
9÷6＝1.5時間
つまり、1時間30分後ということになります。

A ×

計算しているフリだったりして。

B ×

速すぎる！

C 正解

## 初級

正解は B

原価を$x$（円）とすると、売価は12%の利益が得られたから1.12$x$（円）。

これが、定価の80%にあたるので、定価は1.12$x$（円）÷0.8=1.4$x$（円）。

これは、原価の40%の利益を見込んでつけたものです。

A ×

32%は惜しいね。

B 正解

C ×

それ、ボッタクリ！

# 法律の勉強を頑張り新しい夢をかなえたいです

## 中央大学

法学部
法律学科1年
馬場《ばば》 由佳《ゆうか》さん

### 法曹から直接指導を受ける機会が

――法学部をめざしたきっかけを教えてください。

「中3の夏休みの課題で、職場見学をするという課題が出ました。どこに行こうか迷っていたときに、法律に興味のある友だちが弁護士事務所、検察庁、裁判所の見学に行こうと誘ってくれました。それまでは法律に対してとっつきにくいイメージがありましたが、法曹（※）の方々が実際に仕事をされている姿がかっこよくて、法律に興味を持ち始めました。」

――法学部の講義はどうですか。

「憲法や民法など、大教室で受ける講義が多いです。高校まではこんなに大人数で受けることがなかったので、その光景に圧倒されます。

法曹論や法曹演習などは中央大ならではの講義だと思います。

法曹論の講師は実際に法曹として働いている中央大のOBで、たまに企業の法務部や省庁で勤務する方も来ます。おもに仕事内容を聞き、法曹の方は法律を学ぶうえでの心がまえなども教えてくれました。

法曹演習は中央大出身の弁護士の方が担当する少人数のゼミ形式の講

※裁判官、検察官、弁護士のこと。

## 中高時代の勉強

### 先生の影響で…

中2のときの英語の先生のおかげで、元々好きだった英語がさらに好きになりました。先生は英語を教えるだけでなく、海外の文化なども教えてくれたんです。それがきっかけで、自分の目で海外の生活を見てみたくなり、中3の夏に3週間、アメリカでホームステイ体験をしました。ホームステイ先の娘さんの誕生日と私の誕生日が近かったので、キャンピングカーに乗って海へ行き、BBQをして誕生日をお祝いしてくれました。初体験のことばかりで本当に楽しくて、とてもいい思い出です。

## 大学生活エトセトラ

### 炎の塔

法学部がある多摩キャンパスには、多摩学生研究棟「炎の塔」があります。法科大学院への進学や司法試験、公認会計士などの難関国家資格の合格をめざす人たちが、それぞれ研究室に所属しながら勉強しています。研究室に入るには、春にある入室試験に合格しなければなりません。私も入学当初は法曹をめざしていたので、試験を受けて合格した研究室に入っています。

炎の塔での活動は自習がメインですが、わからないところを先輩に聞いたり、先輩が開いてくれるゼミに参加したりしています。蔵書も豊富

おいしい学食が評判のヒルトップ

馬場さん（中央）が好きな英語の講義の様子

義です。何種類かあるうち、私は民法の論文指導を受けています。受講生は7人なので、ほかの受講生の論文と比べていい点・悪い点を比較検討していきながら、質のいい論文の書き方を学んでいます。」

**――好きな講義はありますか。**

「英語の講義が好きです。リーディングとリスニング＆スピーキングが週に1コマずつあります。リスニング＆スピーキングでは、毎回2～4人ずつに分かれ、テーマに沿って英語でディスカッションを行います。うまく言葉が出てこないときもありますが、周りの子の言い回しを聞くことが勉強になりますし、色々な子と仲よくなれて楽しいです。

　あと、先ほども説明した法曹論の講義もおもしろかったです。実務家にしか話せないような、仕事をするうえで大事なことを教えてくれる講義はなかなかないので新鮮でした。とくに印象に残っているのは、ある企業の法務部の方のお話です。専門性は弁護士の方が高いけれど、法務部は社内のことを熟知しているので、社外と社内のことをうまく調整しながら社風に合わせた提案ができる。法務部には法務部のよさがあるというお話でした。当時は将来、渉外弁護士として外国企業との取引で起きた紛争を解決したいと思っていましたが、いまは夢が変わって企業の法務部で働きたいと考えているので、改めてそのお話がためになっています。」

**――苦手な講義はありますか。**

「導入演習というゼミが苦手です。未成年者が犯人の場合、少年法では実名報道をしてはいけないことになっていますが、近年、SNSに実名や顔写真が載ってしまうケースが増えてきました。その実名報道を許容すべきかについて、グループ内で賛成派・反対派それぞれの意見を出しあい、まとめたことを発表します。そして、それをふまえて各自論文を完成させます。色々な視点で物事を考えつつ、自分の意見を持たなければいけないので、周りの意見に『確かにそうだな』と納得してしまいがちな私には難しく感じてしまいます。」

**――今後の目標を教えてください。**

「将来は法律を活かした仕事をしていきたいので、引き続き法律の勉強を頑張っていきたいです。今後の具体的な目標は、4月にある英語のクラス分けテストで好成績を取ることと、11月の行政書士試験の合格をめざしています。」

## 受験生へのメッセージ

にそろっているので役立ちます。

　また、前期には法職講座という課外講座も週2回受けていました。これも現在弁護士として働く中央大のOBが講師を務めてくれていました。

　大学生になってこんなに勉強するとは思わなかったですが、毎日とても充実しています。

### 4階建ての学食棟

　寿司屋、定食屋、ラーメン屋、ハンバーガーショップ、ビュッフェ形式のお店…とにかく多彩な飲食店が並ぶ4階建ての「ヒルトップ」という建物があります。他大学に通う先輩が遊びにきてくれたときも、自分の大学の学食よりもおいしいと言ってくれました。私がよく行くのはパン屋で、焼きたてのパンがおいしいんです。あとはうどん屋のめんたいうどんも好きですね。

### 受験がゴールじゃない

　じつは第1志望の大学に落ちてしまったのですが、中央大での生活も毎日楽しいですし、色々なことに挑戦したり、新しい夢も持つことができています。みなさん第1志望校に受かりたいという思いで勉強していると思いますが、受験がゴールではないので、後悔しないように最後まで努力し続けることも大切にしてほしいです。

*Bungou Retsuden*

# 古今文豪列伝

## 第15回

# 司《し》馬《ば》遼《りょう》太《た》郎《ろう》

*Ryotaro Shiba*

司馬遼太郎は本名、福田定一。1923年（大正12年）、大阪府大阪市で生まれた。

私立上宮《うえのみや》中（現上宮高）に入学、旧制高校に憧れて中学4年と5年に受験したが失敗、1年浪人して1942年（昭和17年）、大阪外国語学校（のちの大阪外大、現大阪大外国語学部）に入学した。

中学時代から猛烈な読書家で、吉川英治の『宮本武蔵全集』を本屋の立ち読みで読破したというエピソードがあるんだ。

とくに中国古代の歴史家、司馬遷《しばせん》の『史記』を愛読し、ペンネームを「司馬遷に遼《はるか》におよばない太郎」という意味で司馬遼太郎としたという。

大阪外国語学校入学の翌年、徴兵で兵庫県の陸軍戦車連隊に入隊。翌年、現在の中国東北部の戦車学校に入校、卒業後は戦車連隊の小隊長となった。終戦は栃木県佐野市で迎え、復員後は関西の地方紙を経て、1948年（昭和23年）、産経新聞社に入社、京都支局に配属された。

大阪本社に異動後、随筆などを書くようになり、1956年（昭和31年）に小説『ペルシャの幻術師』が講談倶楽部賞を受賞した。1960年（昭和35年）に『梟《ふくろう》の城』で直木賞を受賞、翌年、産経新聞社を退社して、本格的な作家活動に入ったんだ。

1962年（昭和37年）からは産経新聞に『竜馬がゆく』を連載、さらに『燃えよ剣』『国盗《くにと》り物語』などを次々と発表、歴史小説家としての地位を不動のものにしたんだ。

1966年（昭和41年）には菊池寛賞を受賞、紀行随筆『街道をゆく』を週刊朝日に連載、産経新聞には明治の群像を描いた『坂の上の雲』を連載、好評を博し、1981年（昭和56年）に日本芸術院会員、1991年（平成3年）には文化功労者、その2年後には文化勲章を受章し、国民的作家として親しまれ、その文明批評も高く評価された。

1996年（平成8年）2月、自宅で吐血して倒れ、入院したが、大動脈瘤《りゅう》破裂で死去した。72歳だった。その年の3月に大阪のホテルで「司馬さんを送る会」が行われたが、愛読者らがなんと3000人も参列したんだ。

書いた小説は2000作品近く、売れた本の合計は1億2000万部以上にのぼる。まさに昭和を代表する大作家だったといえるね。

### 今月の名作～司馬遼太郎『竜馬がゆく』～

『竜馬がゆく　一』
650円＋税
文春文庫

土佐の郷士の家に生まれた坂本竜馬は、江戸に出て剣術の修業をするが、ときは幕末、尊王攘夷運動が激しく、竜馬も新しい時代のあり方を模索するようになる。やがて薩長同盟を締結させるが、明治維新を待たず、非業の死を迎える。

# あれも日本語 これも日本語

## 「夏」にちなむ故事成語

これまで3回にわたり、秋、冬、春の順に、それぞれの季節にちなむ言葉を調べてきた。今回は「夏」あるいは「暑さ」にちなむ故事成語についてみてみよう。

「九夏三伏《きゅうかさんぷく》」はあまりなじみがないかもしれないけど、夏の一番暑い時期、という意味だ。九夏は九旬の夏という意味で、一旬が10日だから夏の90日間をいう。三伏とは初伏《しょふく》、中伏《ちゅうふく》、末伏《まっぷく》で、それぞれ暑い盛りの庚《かのえ》の日のことをさす。

「夏虫疑氷《かちゅうぎひょう》」は中国の古典から出た言葉で、夏の虫は氷の存在を知らないことから、見識や知識が乏しい人のことをさす。「夏虫氷を疑う」ともいう。似ている言葉の「夏虫氷を論ずべからず」は、知りもしないことを話してはいけない、ということだ。

「飛んで火に入る夏の虫」は、自ら危険なところに赴き、身をさらすこと。昆虫は明るいところに集まる習性があるため、誘蛾灯《ゆうがとう》などを設置してガなどを集め駆除することがある。このように、昆虫が自ら燃える炎に飛び込むことをさす言葉だ。「警察官が立ち寄っているのも知らずに、強盗が銀行に押し入り、そのまま逮捕された。飛んで火に入る夏の虫だ」なんて使う。

「夏の雨は馬の背を分ける」。夏の雨に多い、降っているところと降っていないところがはっきりしている現象から出た言葉。馬の背中の半分には雨が降っていて、残りの半分は晴れて日が射しているというたとえ。「夕立は馬の背を分ける」ともいう。

「暑さ寒さも彼岸《ひがん》まで」。春の彼岸は3月下旬、秋の彼岸は9月下旬で、冬の寒さも3月の彼岸までには終わり、夏の暑さも9月の彼岸までには終わるという意味だ。それぞれの彼岸を過ぎると、春と秋が本格的になるんだ。

「畳の上の水練」は水ではなく、畳の上で水泳の練習をするという意味で、いくら練習をしても実際の役には立たないことをいう。「彼はテレビゲームで空手をやっているけど、本当の練習をしているわけじゃないから、畳の上の水練と同じだ」なんて使う。

四字熟語ではほかに「夏炉冬扇《かろとうせん》」「冬《とう》虫夏草《ちゅうかそう》」「冬夏青青《とうかせいせい》」などがあるけど、冬の四字熟語を勉強した第70回（2015年12月号）で調べたよね。復習しておくといいよ。

サクニュー！ ニュースを入手しろ!!

# SUCCESS News

産経新聞編集委員 大野敏明

## 今月のキーワード
## リオデジャネイロオリンピック

今年８月５日から21日まで、ブラジルのリオデジャネイロ（以下、リオ）で第31回の夏季オリンピックが開催されます。南アメリカでのオリンピック開催は初めてです。また、南半球での開催は1956年（昭和31年）のオーストラリアのメルボルンオリンピック、2000年（平成12年）の同じくオーストラリアのシドニーオリンピックに次いで３回目となります。2016年（平成28年）開催となる今回のオリンピックの候補地はリオのほか、スペインのマドリード、日本の東京、アメリカのシカゴの３都市が最終的に残りました。このなかから国際オリンピック委員会（IOC）の委員が投票を行い、最後はリオとマドリードとの決選投票になりましたが、リオが勝利したのです。

リオ五輪は28競技306種目で開催される予定ですが、男女の７人制ラグビーが今回初めて行われることになりました。日本は男女ともすでに出場権を獲得しています。また、ゴルフは1904年（明治37年）のアメリカのセントルイスオリンピック以来112年ぶりに復活することになりました。しかしながら、空手、スカッシュ、野球、ソフトボールなどは採用が見送られてしまいました。陸上、競泳、体操、マラソンなどはリオ市内の競技場で行われますが、サッカーの決勝などは市外の競技場で行われます。

開催時期は８月ながら、リオは南米であるため、北半球の冬に相当します。ですが、緯度がかなり低いので、平均気温は22度前後で、過ごしやすいといえましょう。

しかし、大きな問題が２つあります。１つは競技場その他の施設の準備が予定よりかなり遅れていることです。昨年視察したIOCの委員は「施設の建設遅れは過去最悪」と言っており、あと半年、急ピッチで建設することが求められています。

**↑PHOTO**
ブラジル・リオの五輪公園で、開幕に向け準備が進められる競泳会場（2015年10月6日）写真：時事

もう１つの問題は世界から人々が集まるため、テロ対策を十分にしなくてはならない、ということです。ブラジル自体も国内に多くの問題を抱えており、国民のなかにはオリンピック開催をやめて国民の福祉に予算を使ってほしい、との声もあります。さらにはIS（イスラミック・ステート）などの国際テロ組織がオリンピックを妨害することも十分に考えられるため、選手や観客の安全をいかに確保するかがなによりも重視されています。リオの４年後は東京オリンピックです。日本としても参考にしたいところです。

# ミステリーハンターQの 歴男歴女養成講座

**ミステリーハンターQ（略してMQ）**
米テキサス州出身。某有名エジプト学者の弟子。1980年代より気鋭の考古学者として注目されつつあるが本名はだれも知らない。日本の歴史について探る画期的な著書『歴史を掘る』の発刊準備を進めている。

**春日 静**
中学１年生。カバンのなかにはつねに、読みかけの歴史小説が入っている根っからの歴女。あこがれは坂本龍馬。特技は年号の暗記のための語呂合わせを作ること。好きな芸能人は福山雅治。

**山本 勇**
中学３年生。幼稚園のころにテレビの大河ドラマを見て、歴史にはまる。将来は大河ドラマに出たいと思っている。あこがれは織田信長。最近のマイブームは仏像鑑賞。好きな芸能人はみうらじゅん。

## 二・二六事件

**陸軍将校による政治家殺害事件、二・二六事件から80年。事件の起きた原因やその後の流れも併せて把握しよう。**

**勇** 今年は二・二六事件が起こってから80年なんだね。

**MQ** 1936年（昭和11年）に起こった陸軍の一部将校による政治家殺害事件だね。

**静** 軍人が政治家を殺したの？

**MQ** 東京にある陸軍の歩兵連隊の将校らが、約1500人の下士官兵を指揮して首相官邸などを襲撃したんだ。

**勇** 二・二六事件はクーデターではないの？

**MQ** 自分たちが政権をとろうとしたわけではないので、クーデターかどうかは意見が分かれている。

**静** 事件が起こった原因はなんだったの？

**MQ** 当時の日本は長引く不況で農村は貧困にあえいでいた。兵士の多くは農村出身で、将校たちは農村が貧困のままだと強い兵士を育てることができない、農村が貧困なのは政治が間違っているからだと考えたんだ。

**勇** それで政治家を襲ったんだ。

**MQ** 政治家だけでなく、反対派の軍人や新聞社もターゲットになった。

**静** 政治家だけじゃなかったんだね。どこを襲ったの？

**MQ** 2月26日の未明に首相官邸、蔵相私邸、内大臣私邸、教育総監私邸、警視庁、朝日新聞社などを襲撃したんだ。

**勇** だれが殺されたの？

**MQ** 岡田啓介首相は危うく難を逃れたけど、義弟が身代わりで殺された。蔵相の高橋是清《これきよ》、内大臣の斎藤実《まこと》、陸軍教育総監の渡辺錠太郎《じょうたろう》も殺された。

そのほか、警備の警察官も5人殉職している。終戦時の首相、鈴木貫太郎はこのとき侍従長で、重傷を負ったんだ。

**静** 事件は鎮圧されたんでしょ？

**MQ** 最初、陸軍は曖昧な態度をとっていたけど、昭和天皇が鎮圧を命じた結果、決起をした部隊の兵士が帰順を始め、将校らも最終的には帰順して逮捕されたんだ。

**勇** 将校たちはどうなったの？

**MQ** 反乱を行った多くの将校は銃殺刑にされたけど、軍部はこの事件を政治家に対する威嚇《いかく》に利用し、軍の政治への介入はますます激しくなっていった。

**静** 複雑な事件なのね。

**MQ** 二・二六事件の翌年、盧溝橋《ろこうきょう》事件が起こり、日本は中国大陸での本格的な戦争に突入、太平洋戦争に突き進んでいくことになるんだ。

# ちょっと変わった古本屋は今日も淡々と本と人を結びつける

『本屋になりたい この島の本を売る』
著／宇田 智子
価格／820円＋税
刊行／筑摩書房

今月の1冊 『本屋になりたい この島の本を売る』

みんなは古本屋に行ったことがあるだろうか。

新品の本や雑誌が売られている書店、いわゆる「新刊書店」とは違い、だれかが一度買ったりして新品ではなくなった本や雑誌を買い取り、売っている書店のことだ。

ブックオフのような大型の古本屋が有名だね。ただ、大抵はそんな大きな規模ではなく、お店ごとに置いてある商品に特徴があるところが多い。

著者は大手新刊書店・ジュンク堂書店の書店員から、沖縄の小さな小さな古本屋へと転身した変わった経歴の持ち主だ。書店での仕事を楽しいと思いながらも、同時に息苦しさを感じていた著者は、東京から新しくできた那覇支店へと転勤を希望。それでもその息苦しさは変わらない。

そんなある日、知り合いの古本屋が後継者を探していると知ると、「これだと確信」。いてもたってもいられず願い出て、その古本屋を引き継ぐことになった。

さて、それからが大変。新刊書店と違い、商品は自分でそろえなければならないし、値段も自分でつける必要がある。そう、古本屋の本の値段はそのお店の人がつけているのだ。だから、例えば状態が同じ本でも、古本屋によっては値段が違ってくる。これが新刊書店だったら、どこで買っても値段は変わらない。それがおもしろさでもあり、大変さでもあるのだ。

新米古本屋店主の著者は、周りの先輩店主のみなさんに助けられながら、「沖縄に関する本を集める」という特徴を持った店作りをしていく。

この本には、そうした店作りにまつわることのほかに、著者自身の本へのかかわり方、考え方や、沖縄という本州とは少し異なった環境にある書店だからこその興味深いエピソードなどが、淡々とした読みやすい文章で綴られている。

お店の名前は「市場の古本屋ウララ」。那覇市の第一牧志公設市場という市場の向かい側にわずか3畳の居をかまえる。となりは漬物屋と洋服屋。

本を読むと、途端にどんな場所なのか、どんな人が行きかっているのか、勝手に想像が膨らんでいくよ。

# サクセスシネマ SUCCESS CINEMA vol. 72

## 素敵に変身！

### シンデレラ

2015年／アメリカ
監督:ケネス・ブラナー

『シンデレラ　MovieNEX』
価格:4000円+税
発売元:ウォルト・ディズニー・スタジオ
©2015Disney

#### 王道ラブストーリーを実写化

アニメーションをはじめ、ミュージカルやオペラなど、多くの作品があるシンデレラ。本作は初の実写版映画です。

シンデレラは両親を亡くし、義理の母や姉たちにいじめられる日々を送っていました。そんなある日、シンデレラの前に魔法使いが現れます。魔法の力によって、彼女は美しいドレス姿になり、かぼちゃの馬車に乗って舞踏会へと出かけるのです。王子と楽しい時間を過ごしますが、魔法が切れそうになり慌てて階段を下りると、ガラスの靴が片方脱げてしまいました。シンデレラに恋をした王子は、靴を手がかりに彼女を探します。

多くの人が知っている物語ですが、壮大で美しい映像に引き込まれます。とくに、シンデレラが青のドレスを身にまとい、美しく変身する姿は、だれもがうっとりするでしょう。舞踏会のダンスシーンも、優雅で臨場感にあふれています。

ところで、みなさんは、シンデレラの人生を変えたのはなんだったと思いますか。魔法の力、それだけではないことが物語から伝わってきます。その答えを、ぜひ、映画を観て見つけてください。

### デンジャラス・ビューティー

2001年／アメリカ
監督:ドナルド・ピートリー

『デンジャラス・ビューティー』
Blu-ray発売中
2,381円＋税
発売元:ワーナーホームビデオ
©2000 Warner Bros. Entertainment Inc.

#### 男勝りな女性がミスコンに出場

美を競うミス・コンテスト（ミスコン）。おしゃれに興味ゼロのFBI捜査官が出場したらどうなるのでしょう？

グレイシーは仕事一筋の男勝りなFBIの女性捜査官。爆弾予告を受けたミスコンに、参加者として潜入捜査をすることに。しかし、メイクや服に無頓着で髪もボサボサなグレイシー。美容コンサルタントの力を借りて、美しく変身していきます。別人のように綺麗になった彼女に目を奪われますが、中身は変わらず。食い意地がはっていたり、特技として護身術を披露したりと、外見とのギャップに笑ってしまいます。ミスコン、そして事件の行方はどうなるのでしょう。

最初のうち、グレイシーは美を追究する女性たちに共感を持てずにいました。しかし、彼女たちの一途で頑張り屋な面に気づき、またほかの参加者もグレイシーのまっすぐで飾らない性格にひかれ仲よくなっていくのです。自分とは違う価値観を排除するのではなく、違いを認めあいながらお互いのよさを発見できるってすばらしいですよね。笑いあり、友情あり、最後までたっぷり楽しめます。

### プリティ・プリンセス

2001年／アメリカ
監督:ゲーリー・マーシャル

『プリティ・プリンセス』
Blu-ray発売中
2,381円+税
発売元:ウォルト・ディズニー・スタジオ・ジャパン
©2015Disney

#### 地味な女子高生がプリンセス!?

冴えない女子高生がある日突然、プリンセスになるという夢のような物語。

母と暮らす15歳のミアは、地味で内気な女の子。ある日、父方の祖母がミアを訪ねてきます。父と母はミアが生まれてすぐに別れ、祖母とは会ったこともありませんでした。そんな祖母が、自分はある国の女王であり、ミアの父が事故で亡くなったため、現在ミアが唯一の王位継承者であることを告げるのです。ミアは、その事実を受け入れられず、プリンセスになんかなりたくないと言います。しかし、祖母はプリンセスになるための教育を受けてから決断すればいいと、自らプリンセスとしてのたしなみを、ミアに教えることにします。プリンセスとして生きるか、普通の高校生でいるか。ミアが最後に出す答えとは？

自分に自信がなかったミアが、戸惑い悩みながらも、友情や恋愛、祖母との時間といったさまざまな経験を通して、強く美しく成長していく姿が印象的です。自分を変えるための一歩を踏み出す勇気を与えてくれる作品です。2004年には続編も制作されています。

# なんとなく得した気分になる話

生徒　先生

身の回りにある、知っていると
勉強の役に立つかもしれない知識をお届け!!

## ナイチンゲールは統計学もできた？

ナイチンゲールってどんな人？

19世紀に活躍したイギリスの看護師さんだよ。どうして急にそんなことを聞くんだい？

塾で出てきたんだけど、ナイチンゲールって数学の先生なの？

えっ？　ナイチンゲールといえば看護師でしょう。よく伝記にもなっているし。

でもね、コウモリの羽とかなんとか、塾の先生が言ってたんだよ。なんだろう？

塾の先生に聞けばいいじゃないか…。

塾の先生の雑談のときの話題だったから、改めて聞きにくくてさ。

そうなんだね。

で、コウモリの羽ってなに？

ナイチンゲールは、看護師さんでありながら、統計学もできる人だったんだよ。彼女は1853年～1856年のクリミアの戦争現場で、兵士の死亡率のグラフを作ったんだよ。それが、まるでコウモリの羽のように見えるというものなんだ。

ただそれだけの話？

内容まで聞くの？　私は社会の先生じゃないから、ちょっと自信はないけど…。

大体でいいからさ。

確か、ナイチンゲールは死亡原因を調べたんだよ。戦争による負傷で亡くなった兵士が多いのかと思いきや、なんと、伝染病で亡くなった兵士の方が多かったんだよ。

へ？　どうして伝染病？

野戦病院の衛生状態が悪かったのが原因らしい。

なるほどね～。

それより、看護師と言えば、白衣の天使。そのナイチンゲールが統計学までできるなんてすごいよね。

ところで、その統計はなんのために取ったの？

病院の環境改善を軍や国に訴えるためらしいよ。400ページにも渡る報告書をエリザベス女王に提出したらしい。

すごい看護師さんなんだね。

そう、正義の味方だよね。

先生は、数学の先生以外になにかできないの？

あいかわらず唐突だな。

だって、ナイチンゲールは看護師なのに数学ができるってことでしょ？

おっ！　私は食べ歩きができるぞ！

そうきたか…。

だって、ナイチンゲールは伝記になるほどすごい人だよ。私がなにかほかにできることがあれば、私が伝記になるでしょ。

それ、自叙伝ってやつ？

そうともいう。

だれも買わないね。

だれにも売らないよ。

今回は負けだ…。

# 高校受験 ここが知りたい Q&A

## Q 「教科横断型の勉強」ってどんなものですか?

Question

この前「これからは教科横断型の勉強をしていかないといけない」という話を聞きました。あまり耳慣れない言葉ですが、「教科横断型の勉強」とは具体的にはどのような勉強のことをさすのか、それは高校入試にも関連してくるのか、教えてください。

（東京都江戸川区・ＩＦ）

## A 教科の枠組みにとらわれない学習のことを言います。

Answer

中学生のみなさんから「教科横断型の勉強」という用語が出てきたことに、少し驚きました。「教科横断型の勉強」とは、従来の国語・数学・英語・社会・理科といった個々に区分された科目ごとの勉強ではなく、ある１つのテーマに沿って、可能な限りすべての科目にそのテーマを関連づけて勉強することをさします。

国際バカロレア（IBと略されます）と呼ばれる世界的に普及した学習プログラムが、この教科横断型の学習を提唱しています。IBは、世界の複雑さを理解して、それに対処できる能力を育成し、１人ひとりの生徒が未来へ責任ある行動をとれる人間に成長してほしいという願いのもと広まったプログラムで、国際的に通用する大学入学資格（国際バカロレア資格）を認定するものです。

小学生・中学生においても、広い視野から学びをとらえることの重要性が指摘されてきた現代において、みなさんがこれから進学する高校でも、できる限り教科横断型の学習を取り入れていこうと努力しています。

ですから、高校入試でも、科目間の枠を超えた教科横断型の問題が出題される可能性も出てきています。そうした問題に対応できる力を養うためにも、日ごろから広い視野に立って物事を考えていくことが必要だと言えるでしょう。

# Success Ranking

## 2015年　年間文庫 ベストセラーランキング

今回は紀伊國屋書店が集計した2015年の書籍売上げランキングから、手に取りやすい文庫本の上位20冊を紹介しよう。

みんなの好きな作家の作品はあったかな？　興味を持ったら、年末年始に読んでみてはいかがだろうか。

### 文庫ランキング

| 順位 | 書名 | 著者名(訳者名) | 刊行 | 価格(税抜き) |
|---|---|---|---|---|
| 1 | **その女アレックス** | **ピエール・ルメートル(橘明美)** | **文藝春秋** | **860円** |
| 2 | 禁断の魔術 | 東野　圭吾 | 文藝春秋 | 630円 |
| 3 | ナミヤ雑貨店の奇蹟 | 東野　圭吾 | KADOKAWA | 680円 |
| 4 | ぼくは明日、昨日のきみとデートする | 七月　隆文 | 宝島社 | 670円 |
| 5 | 舟を編む | 三浦しをん | 光文社 | 620円 |
| 6 | 64〈上〉 | 横山　秀夫 | 文藝春秋 | 640円 |
| 7 | 母性 | 湊　かなえ | 新潮社 | 590円 |
| 8 | ビブリア古書堂の事件手帖〈6〉<br>栞子さんと巡るさだめ | 三上　　延 | KADOKAWA | 570円 |
| 9 | 虚像の道化師 | 東野　圭吾 | 文藝春秋 | 700円 |
| 10 | 64〈下〉 | 横山　秀夫 | 文藝春秋 | 640円 |
| 11 | イニシエーション・ラブ | 乾　くるみ | 文藝春秋 | 580円 |
| 12 | 学年ビリのギャルが１年で偏差値を40上げて<br>慶應大学に現役合格した話 | 坪田　信貴 | KADOKAWA | 520円 |
| 13 | 一路〈上〉 | 浅田　次郎 | 中央公論新社 | 640円 |
| 14 | 天空の蜂 | 東野　圭吾 | 講談社 | 850円 |
| 15 | 一路〈下〉 | 浅田　次郎 | 中央公論新社 | 640円 |
| 16 | ソロモンの偽証〈1〉第１部 事件〈上〉 | 宮部みゆき | 新潮社 | 750円 |
| 17 | ホテルローヤル | 桜木　紫乃 | 集英社 | 500円 |
| 18 | 土佐堀川 広岡浅子の生涯 | 古川智映子 | 潮出版社 | 680円 |
| 19 | 三匹のおっさんふたたび | 有川　　浩 | 新潮社 | 710円 |
| 20 | ジャイロスコープ | 伊坂幸太郎 | 新潮社 | 550円 |

紀伊國屋書店の『2015年 分野別年間ベストセラー』による。参考URL：https://www.kinokuniya.co.jp/c/20151201120757.html

# 受験情報



**15歳の考現学**
さらに変わっていく都立高校
選び取り、学び取るのは自分



**私立高校受験**
ここがポイント！
作文・小論文の書き方



**公立高校受検**
公立高校入試展望2016
【千葉・埼玉編】



**高校入試の基礎知識**
入試直前
ファイナルチェック

**東京**

## 都内私立高校初年度納付金の平均額が初めて90万円を超える

東京都内私立高校231校による来春入学者向けの「2016年度（平成28年度）の初年度納付金」が公表された。

初年度納付金とは、高校に入学した年度の授業料、入学金、施設費に加え、その他に毎年度納付する費用の総額で、いわゆる学費のこと。

対象231校（のべ270学科）のうち、初年度納付金を値上げをした学校は33校（14.3%）、値下げをした学校は1校（0.4%）、据え置いた学校は197校（85.3%）。

初年度納付金の平均額は90万4449円で、前年度に比べて5664円（0.6%）増加した。90万円を超えたのは初めて。

初年度納付金の最高額は188万3000円（**玉川学園**・国際バカロレアクラス）、最低額は59万円（**東洋女子**）だった。

学費を据え置いた学校では**頌栄女子学院**が、じつに25年連続。ただし、頌栄女子学院は高校非募集。募集校では**鶴川**、**大東学園**、**帝京大学高**、**錦城**の4校が24年連続で据え置いている（詳報次号）。

**千葉**

## 2017年度千葉県県立高校入試の日程決まる

12月16日、千葉県教育委員会は、現中学2年生が受ける2017年度（平成29年度）千葉県県立高校入学者選抜の日程を発表した。

前期選抜の学力検査は、2017年2月13日（月）・14日（火）の両日、後期選抜の学力検査は同3月1日（水）に実施される。

**■前期選抜**

・入学願書等提出期間　2017年2月3日（金）および2月6日（月）
・学力検査　同2月13日（月）・14日（火）
・合格発表　同2月20日（月）
・入学確約書提出期間　同2月20日（月）～2月22日（水）

◇

**■後期選抜**

・入学願書等提出期間　2017年2月23日（木）
・志願変更受付期間　同2月24日（金）および年2月27日（月）
・学力検査　同3月1日（水）
・合格発表　同3月7日（火）

# 15歳の考現学

## さらに変わっていく都立高校
## 選び取り、学び取るのは自分

**森上《もりがみ》 展安《のぶやす》**

森上教育研究所所長。1953年、岡山県生まれ。早稲田大学卒業。進学塾経営などを経て、1987年に「森上教育研究所」を設立。「受験」をキーワードに幅広く教育問題を扱う。近著に『教育時論』（英潮社）や『入りやすくてお得な学校』『中学受験図鑑』（ともにダイヤモンド社）などがある。教育相談、講演会も実施している。
HP：http://www.morigami.co.jp
Email：morigami@pp.iij4u.or.jp

### 次の都立高校改革は理数、医学、国際志向

来年度から3カ年の東京都立高校改革実施計画が2015年（平成27年）11月末に公表されました。

直前に公立小中高一貫校の報道があったため、関心はそちらに注がれ、ほかの改革については報道が十分なされてない印象を受けました。

しかし、いくつかの重要事項がありますので紹介しつつ、考えていきましょう。

ここでは、高校募集のある学校に絞って考えています。

まず、次世代育成に向けた取り組みとして「理数イノベーション校」の充実が掲げられ、大学や研究機関との連携で最先端の実験や講義が受けられるような学校にしよう、ということだそうです。すでに神奈川の横浜市には**横浜サイエンスフロンティア**という高校（中学併設型に移行予定）がありますから、イメージとしてはこのような学校のようなものと考えればよいでしょう。

理数イノベーション校は、すでに3校指定されていて～2015年（平成27年）4月から3年間の指定～、高校募集だけの「**八王子東**」、中学からの募集と併設の「**富士中学校・高等学校**」、中学からしか募集しない「**南多摩中等教育学校**」です。

したがって、高校からの募集のない南多摩中等教育学校を除いた八王子東と富士の両高校が、みなさんがめざせる「理数イノベーション校」となります。

また、同じ理数系の強化として「理数アカデミー（仮称）」と称し、6カ年一貫で系統的に理数教育を充実させる学校として、前述の理数イノベーション校と重複することになりますが富士の名をあげています。当然、高校募集を想定していないので、こちらは進路選択ができません。

また、千葉県立の**東葛飾**に医歯薬コースが設置されていますが、東京都立にあっても、医学部進学を希望とする生徒が、生徒自身による「チーム」を結成して学ぶことができる3カ年一貫のプログラムを設定する学校を作ろう、としています。これを進学指導重点校の1校、「**戸山**」に導入しようという考えのようです。

さらに、改革実施計画案で「都心部に…」とされていますが、国際高校がもう1校新設されるということも明らかになりました。

現在の**国際高**の倍率が高いので、

新設されるということですから、これも魅力的な話です。

東京都は、国際高や「次世代リーダー育成道場」などで、海外で活躍したい子どもの育成に力を入れてきていますが、今後、ますます海外に飛び出していきたい生徒が増えていく、という見通しを持っているということですね。

これらは2016年（平成28年）から2018年（平成30年）までの3年間で実施する計画です。いまの中2生には間に合わない学校もあるかもしれませんが、中1生にとっては実現できる学校もあるでしょう。

こうした魅力的な学校が人気を集めることになるのも事実でしょう。

しかし、志望校の個性がはっきりするだけに、こうした学校に入って活躍したいという志望者の個性も明確になる傾向に違いありません。

その意味では入試というハードルはあるにせよ、その学校で個性・能力を活かせる、ということが、なにより基本になります。

## ニーズに沿った学校は すでに私立高校にある

理数能力にせよ、医学志向、国際志向にせよ、中学3年間で求められることになる個性・能力には、一定の到達度が求められるはずです。その到達度は、先行モデルの学校の入試のあり方も参考になるでしょうが、基本は、そうした環境にふさわしい資質ですから、学校でも、あるいは個人的にも（つまり家庭にあっても）中学生活を充実させていきたいですね。

しかし、そうはいっても公立高校は1校しか受検できないのですから、やはり落ちてしまうと、その機会がなくなり、思っていたものとは学習環境が違ってきますから、次善の策として同じ方向性があり、同等の環境が整っている私立高校を選ぶ、ということも大切ですね。

例えば、**法政女子**が2018年度（平成30年度）から法政国際という名前の共学校に変わることが公表されていますし、**千代田女学園**が、高大連携校として武蔵野大学系列校になる方針も発表されたりしています。各々の先には国際教養系の大学がついており、こうした私学の場合、大学受験は不要といってよい存在です。もちろん、早慶をはじめ、いわゆるMARCHの系列校にはそうした高大接続がありますから、そのような私立高校を併願する場合には、大学受験を予定しなくてよい選択肢となります。

これは国際系に限らず、理数イノベーションの方向においても、例えば、**明星**では隣地の東京農工大と連携した生物分野の理数教育を充実する計画を進めているそうですから、内容がやりたい方向と合致していれば1つの選択肢ですね。

いずれの場合も大切なことは出口戦略です。

## 選び取っていくのは自分 学校はそのサポート役

もっとも、やってみたら少し違う方向が見えてきた、という進路変更もあるでしょう。

いまの進路選択が自らの意志によるものなら、のちに進路の変更があったとしても、そうした学習歴は決してムダにはなりませんから先々をあまり考えず、いまは現状での興味関心で選択すればよいと思います。

現在中3生のみなさんは、今回の改革による学校を直接は受検することはできませんが、公立高校改革というのは先に私立高校が道をつけ、その注力している方策をよく観察し、ニーズも見て立案していますから、今回の改革に表れた理数重視、国際的な素養、高大連携といった方向性については、すでに私立高校で多くの先行事例があります。

ただ、それだけに倍率人気の点で高いところが多いようです。

前述した改革案のなかで、医学教育についてチームで取り組む、という案がありました。別に医学に限ったことでもなければ、特別な学校でなくてもできそうなことですが、学校が組織的に取り組めば、とくに学校外の教育資源を利用したい場合に、有効性が増すと思われます。

そういう意味では、都立のような公立高校は、あえてチーム作りを組織として発動させるところに意義があるのでしょう。一方で私立高校なら、クラブ活動のように自在に取り組むこともできそうに思います。

ポイントは学内外の教育資源の活用という点で、高大連携や、研究機関の活用などと同じく、あくまで学習する側の積極性がなければ、そもそも成り立たない話です。

つまり、教育の方向は、生徒1人ひとりが積極的に自らの学びを選びとっていくことをサポートしたい、ということです。

改革を受け身で見ること自体、よい受け止め方とは言えません。

# ここがポイント！作文・小論文の書き方

首都圏の私立高校では、推薦入試が「まさに直前！」となりました。前号の「面接」に引き続き「作文・小論文」について、入試直前の心がまえなどをお話しします。また、2月からの一般入試でも慶應女子、早大高等学院など作文や小論文を課す学校もありますので一読しておきましょう。

## 『課題作文』という形態の出題が増えている

千葉、埼玉では、前期入試で、多くの私立高校の結果が出てしまいます。まさに「一発勝負」の感がありますが、そこでも、作文や小論文を実施する学校がかなり見受けられますので、その得点は重要です。

また、公立高校入試でも、東京都の「推薦入試」、神奈川の特色検査における「自己表現」のなかなどで作文を実施する学校があります。

もちろん、厳密にいえば、国語の記述式解答も作文といってよく、高校入試においては避けては通れない関門といってよいでしょう。

ここでは、入試直前の、いまからでも間に合う「作文・小論文」のコツを並べておきますので、前日にでも読み返し、落ち着いて入試に臨みましょう。

作文の出題は、タイトルやテーマが与えられて書くものと、『課題作文』といって、短い問題文を読んでからその感想や意見、要約などを求められるものとがあります。

この『課題作文』形式が多くなっているのが最近の傾向です。いずれも字数指定は２５０～４００字が一般的です。

前者の『テーマ型』の場合は「あなたの長所と短所について」「中学三年間で達成したこと」「春、夏、秋、冬の季節のうち、あなたが最も好きな季節について、原稿用紙に三百字以内の文章を書きなさい」など、そのテーマは短いことが多く、自分の経験や考えに基づく自己表現、自己評価、自らの意見などを書かせるものとなっています。

後者の『課題作文』形式の場合には「学校の図書館の利用を活発にするために、新しいコーナーを設けることになった。そのコーナーに何を並べるかについて委員会で話し合ったところ、次のような案が出された。あなたならどの案を選ぶか。選んだ案について、あなたの考えを書きなさい。①授業に役立つ本や資料。②文学や歴史などのマンガ本。③文学作品の朗読テープ。④ＳＦや推理小説などの本」

また、「あなたの中学校に新しい一年生が入学してきます。一年生はさまざまな不安も抱えているものです。あなたは、そんな一年生が充実した中学校生活を送るためにはどうしたらよいか、そのアドバイスを三百字以内にまとめなさい」

などといった課題や、世論調査のデータなどを読み取ってまとめる問題が課せられることになります。

出題の意図として、『課題作文』は、問題文への読解力も試すことができ、作文に書かれるべきポイントを先に設定しておけば、評価を点数化することも可能なので、各校が採用するようになってきたのです。

## 作文を書いてもらうことでじつは人物を評価したい

学校側も1人の先生がすべての作文に目を通す時間はありませんので、基準を設けて公平性が保たれるように評価しています。

作文における学校側の評価基準には、次のようなポイントがあります。

①国語の基礎力……漢字や語句、文法知識。

②表現力・読解力……どのような思考過程か。

③自主性・積極性・協調性・向上意欲……責任感や明るさが感じられるか。

④態度・人柄・ものの見方……学力を離れた個性・姿勢。

これらをポイントに、学校側は受験生の人間性・人格などをみようとしているのです。

では、どのようにすれば、評価される「作文」を書くことができるのでしょうか。

例えば『課題作文』には読解力も必要ですが、ただ読み取れればいいというものではありません。読み取った内容を「作文」に表現するには、そこから発展させて自分の意見をまとめる力、さらにそれを表現する力が必要です。

先ほど見てきた出題文のなかに「あなたが…」「あなたは…」「あなたの…」という言葉が出てきたことに気づいたでしょうか。

つまり、すでに推薦入試が近づいたいま、恥ずかしがらずに自分自身の考え、意見で文章を書くことがなによりも大切だということです。

よく「作文はなにを書いたらいいかわからない」という受験生がいますが、『課題作文』は、その「なに」の部分が初めからあるのですから、ある意味、「書きやすい」といえます。

## 合格する作文のための注意すべき4ポイント

では、どのような手順で書いていけば、合格する作文を提出することができるのでしょうか。

**①「テーマを決める」**

時間内に解答用紙を埋めなければならないのですが、やみくもに書けばいいものでもありません。必ず書き始める前に、なにを書くか、つまり、出題された課題について自分なりのテーマを考えます。

書き始めると色々なことが頭に浮かび、話があちこちに飛んでしまう場合があります。

それでは結局なにが言いたかったのか、読んでいる先生にはあなたの主張が伝わりません。試験時間も限られていますので、初めから書き直すというのは大きな時間のロスにもなります。

それを避けるためにも、まず、なにについて、どう書くかを決めてから書き出すことが重要です。

自分がなにについて書くか、タイトルをつけたり、問題用紙の端にポイントを箇条書きにしておくのもいいでしょう。

また、あまりに大きなテーマや、曖昧なテーマにせず、身近な事例や具体性のあることで書き出せば、短時間に書き進めることができます。

**②「構想と段落を考える」**

なにを書くかが決まれば、それをどのように書くかを考えます。まず、主張がよりわかりやすく伝わるように心がけます。字数が限られていますから、書き始めや文章の終わり方を考えてから書きましょう。

指定された字数をオーバーしないことはもちろんですが、少なすぎるのもNGです。その字数に限りなく近いことが条件です。

ただ、解答用紙が埋まらないからといって、だらだらと書いてしまっては、言いたいことのポイントが薄れてしまいます。

**③「文はなるべく短めに」**

読み手にとって文章の内容がわからなくなるのは、1つの文が必要以上に長い場合です。文とは句点（。）で区切られたまとまりのことです。

文が長いと、主語、述語の関係や、修飾語がどこにかかっているのかわかりづらくなるのです。

文章を書く技術として適切な場所に読点（、）を打てば意味の取り違えはなくなりますが、それよりも短い文を2つ並べた方が、簡単に意味がわかります。

**④「文体を統一する」**

「です・ます調」（敬体）か「である調」（常体）かを統一します。両方が文章のなかで混在すると、1つの文章であるというまとまりが感じられなくなってしまいます。

# 公立 CLOSE UP

# 公立高校入試展望2016【千葉・埼玉編】

安田教育研究所 代表　安田 理

前号の神奈川に続き、千葉と埼玉の公立高校入試を展望します。

千葉では入試機会は２回のままですが、普通科以外の学科では前期枠を拡大します。埼玉では人口の変動に伴い募集数を増やす難関上位校に注意が必要です。

## 千葉県

### 募集数は微増

２０１６年度（平成28年度）は県内の中学卒業予定者数が50人増え５万５３８０人になる見込みのため、公立高校の全日制で募集数を臨時で40人増やします。

臨時定員変動を実施する高校は毎年複数あり、地域によって人口の変動は異なりますので、増員校と減員校の両方があります。２０１６年度は7校が増員、6校が減員【**表**】します。

学区ごとに見ていくと、人口の多い1～3学区は増員、4、9学区が減員しています。5～8学区では定員変更校はありません。

前年に続き、難易度の高い高校は定員を変えていないので、多くの増員校では実倍率が若干緩和するかもしれません。

### 都内私立と入試日が重なる前期

公立の前期選抜は、２０１３年度（平成25年度）から3年続いて2月12・13日の2日間にわたって実施されてきました。

２０１６年度は2月13日が土曜日になるため、2月9・10日に実施されます。2月10日は東京・神奈川の私立高校の一般入試開始日と重なります。そのため、県内生は公立前期と都内私立の一部との併願が例年以上にできなくなります。

2月10日に入試を行う都内難関私立高校は、**開成**、**慶應女子**、**早稲田実業**、**国際基督教大高**、**中大附属**、**中大杉並**、**錦城**、**広尾学園**など多数にのぼります。このような都内私立を志望する場合、千葉の公立前期は受検できません。

都内難関私立と県内公立との両方を志望校候補として考えている上位生が、**渋谷教育学園幕張**、**市川**、**東邦大東邦**、**昭和学院秀英**などの県内難関私立で合格を確保できれば、県内公立を欠席するケースが増えることも考えられます。

また、日程重複に対する特別措置として、千葉に近い都内私立の**日大一**、**足立学園**、**江戸川女子**などが2月7日に千葉県生向けの一般入試を行います。

### 前期選抜の定員枠拡大

専門学科・総合学科の前期選抜の定員枠がこれまでの「50％以上80％

以下」から「50%以上100%以下」に変更されます。前期で定員枠を100%募集する高校では定員割れしない限り後期選抜での募集は実施しなくなります。

専門学科には工業・農業・商業系だけでなく理数科や国際教養科なども含まれます。普通科高校が1クラスぶんだけ理数科や国際系の学科の募集をしている場合、学科の人気が高いうえに定員は40人しかないため実倍率が高くなりがちでした。今回の変更ではこのような状況を緩和しようという意図が見えます。

**【表】千葉公立高校　募集数増減一覧**

**○募集数を増やす高校**

| | |
|---|---|
| 第1学区 | 検見川、千葉工業（理数工学・新設） |
| 第2学区 | 八千代東、船橋啓明、市川南、松戸 |
| 第3学区 | 柏の葉 |

**○募集数を減らす高校**

| | |
|---|---|
| 第1学区 | 磯辺 |
| 第2学区 | 船橋芝山、市川工業（電気） |
| 第4学区 | 成田北 |
| 第9学区 | 上総、市原緑 |

**○前年に募集を増やしたまま、定員を減らさない高校**

| | |
|---|---|
| 第1学区 | 泉 |
| 第2学区 | 船橋二和、市川昴 |

**○前年に募集を減らしたまま、定員を増やさない高校**

| | |
|---|---|
| 第1学区 | 若松、千葉商業（商業） |
| 第2学区 | 松戸向陽 |
| 第5学区 | 多古、東総工業（電気） |
| 第6学区 | 九十九里 |
| 第8学区 | 安房 |

千葉では前・後期に定員枠を分けているため、実倍率が高くなってしまうのはやむをえません。2015年度（平成27年度）は平均実倍率が前期1・82倍、後期1・39倍でした。前年よりわずかに緩和していますが、それでも公立高校の平均としては高い実倍率です。

理数科では**県立船橋**の前期3・79倍、後期2・41倍が最も高く、**市立千葉**の前期3・13倍、後期2・31倍が続いていました。

前期で100%定員枠になるのは**県立柏**、**佐原**、**匝瑳**《そうさ》、**成東**などの理数科や**成田国際**の国際科、**東金**の国際教養科、**市立松戸**の国際人文科、匝瑳の英語科など多数あります。

一方、県立船橋や市立千葉の理数科、普通科から進学重視の総合学科に転換する**小金**などのように前期は60%のままで拡大せず、後期に40%残したケースもあります。

前期で定員枠100%を募集する高校の不合格者が後期では同系の別な高校に出願することになれば、後期の実倍率が一部の専門学科や総合学科で上昇する可能性も残っています。

しかし、県立船橋や市立千葉のように理数科のなかでも人気が高いところに他校からシフトする可能性は低いでしょう。2016年度に限れば、むしろ、都内難関私立校にチャレンジした層がシフトする可能性の方が大きいかもしれません。

なお、普通科ではこれまでと同じ「30〜60%」のままです。

## 難関普通科高校は定員数維持

2014年度（平成26年度）に臨時で1クラス増員した県立船橋は3年連続で同じ募集数になります。併設中学校を開校する**東葛飾**は内部生が高校進学する2019年度（平成31年度）には定員を削減しますが、それまでは定員数を維持しそうです。2014年度に増員していた定員を元に戻した**県立千葉**、**千葉東**も定員数は変わっていません。

埼玉・神奈川では入試機会の一本化が進んでいますが、前・後期に分ける千葉の入試では倍率の高さがめだつものの、平均実倍率が2倍近い前期より後期の方が合格可能性は高い状況です。

公立が第1志望なら、すべり止め校として私立の合格を確保しておくことはもちろんのこと、前期で不合格になっても、最後まで諦めずに後期も受検する姿勢が大切です。

# 埼玉県

## 入試機会一本化5年目で定着

2012年度（平成24年度）から、埼玉では前期と後期の入試機会を一本化しました。2013年度は、一本化初年度の1・15倍から1・17倍に上昇、翌年から2年続けて1・18倍となりました。

約4万6500人が受検し約3万9500人が合格、約7000人は不合格になっています。人気校に受検生が集中する一方、定員割れ校も少なくありません。そのぶん、欠員補充も2年連続で400人を超えました。

「どこでもいいから公立」ではなく、「難易度が同じで大学進学実績がよければ私立」も視野に入れる受験生が多いことが影響しています。

県内私立に進学した際の県の助成金の手厚さも私立志向を支えているので、この傾向は今後も続きそうです。

## 募集数は 4年連続で減少

2016年度の公立中学卒業予定者数は127人減り、6万5420人になる見込みで、公立全日制高校の募集数は200人減り3万9480人になります。中学卒業予定者数に対する募集数の割合は、60・5%から60・3%と、わずかですが減少しました。

4年連続で埼玉では中学卒業予定者が減少するため、それに伴って公立の募集数も4年続けて減ります。しかし、地域によっては人口が増えているところもあります。千葉のような学区制ではないので、県内のどこでも受検は可能ですが、地域ごとの人口変動に合わせて、募集数も毎年細かく変更されています。

2016年度は15校で募集数を減らし、10校で募集数を増やします。

## 大宮、県立川越、川越女子は減員 県立浦和・浦和第一女子が増員

募集数削減校のなかで、前年の増員ぶんから元に戻るのが、**県立川越**、**川越女子**、**市立浦和**、**蕨**、**市立大宮北**、**大宮東**、**越谷西**、**川口青陵**の8校です。2015年度の増員校9校のうち普通科高校すべてが元に戻します（**大宮**は2012年度の増員）。

大宮、県立川越、川越女子、市立浦和、蕨などの上位校・人気校では定員削減によって一部の受検生から敬遠されるかもしれません。

一方、2013年度以来、3年ぶりに**県立浦和**と**浦和第一女子**が増員します。前回、県立浦和は増員ぶんを上回る受検生を集め、実倍率が前年より上昇しました。大宮・県立川越の減員の影響もあるので、今回も県立浦和が定員を増加しても実倍率が高くなる可能性は十分にあります。

同様に増員する浦和第一女子は前回、ほぼ前年と同じ実倍率でした。大宮・川越女子の減員の影響は男子ほど受けないと思われます。

各校の募集数公表前に実施された10月の進路希望調査では、大宮（理数科）3・33倍、市立浦和3・23倍、市立川越3・18倍、蕨2・66倍など15校で2倍を超えていました。

## 公立中学の 進路指導に変化

埼玉県中学校長会では公立中学での進路指導について、公的テストの得点や偏差値を積極的に使用する方針が県から通知されました。地域によって違いはあるものの、より精度の高い進路指導に改善していこうという姿勢が伺えます。

すぐに入試動向を左右するような動きにはなりにくいと思われますが、今後、公立ばかりでなく私立の高校選びにも変化が起こるかもしれません。

## 2017年度から 学力検査を改善

現中2生が受検する2017年度（平成29年度）から学力検査について2点改善されることが発表されました。

まず、社会、理科の検査時間が40分から50分に変更されます。受検生がしっかり考えて取り組める時間の確保を狙ったものです。

時間が延びるぶん、記述問題や考えさせる問題がこれまで以上に一定の割合で出題されるということでしょう。

もう1つは平均点の低さや一部の問題の正答率の低さが指摘されてきた数学・英語の問題が部分的に取り組みやすくなる、というものです。

元来、埼玉の学力検査は公立の共通問題としては難しいと言われてきました。その点を改善しようというものです。確実に解きやすい出題が増えると考えられます。

ただ、平均点が上昇すると難関上位校での得点差がつきにくくなる可能性があります。そこで応用的な内容を含む学力検査を学校選択問題として出題できることになります。つまり、数学と英語については2種類の学力検査がその高校の判断によって実施されることになります。

2016年度は従来通りの学力検査が実施されますが、数学と英語に関しては次年度以降の改善予定をふまえ、取り組みやすい出題が若干増えるかもしれません。

○募集数を増やす高校（すべて40人増）県立浦和、浦和第一女子、**浦和北**、**大宮光陵**、**所沢西**、**朝霞**、**朝霞西**、**浦和東**、**越ヶ谷**、**川口東**

○募集数を減らす高校（すべて40人減）大宮、県立川越、川越女子、市立浦和、蕨、**熊谷**、越谷西、市立大宮北、**市立川口**（**国際ビジネス**）、**県立川口**、**小川**、大宮東、川口青陵、**市立川口総合**、**鳩山**（情報管理）

○前年に募集を増やしたまま、定員を減らさない高校　**浦和商業**

グローバル教育出版の本

**新刊案内**

「先生を育て学校を伸ばす」ベテランが教える

# 生徒を育て、人を育て、そして、自分を育てる 先生のための本

**学校が伸びる**

教員は、生徒に向ける関心こそが、自己の生徒指導の方法を磨いていくのだということに気づくべきです。生徒に「目をかけ、心をかけて」育てていくことで、教員自身も育てられているのです。それがひいては、学校を伸ばすことにつながります……著者

**淡路雅夫 著**

先生！子どもが元気に育っていますか？

**A5判　160ページ　1,500円＋税**

淡路雅夫（あわじ・まさお）
淡路子育て支援教育研究所主宰。私立浅野中学・高等学校の前校長。現在は、國學院大學教職特別講師、関東学院大学非常勤講師、東邦大学教職アドバイザーなどを務め、講演・執筆活動を通して私学支援を行う。専門分野は子どもの教育・福祉を中心とした家族・親子問題。

ISBN978-4-86512-058-5

**この本は 先生のための「教科書」であり「強化書」である**

森上教育研究所 所長 森上展安

http://www.g-ap.com

グローバル教育出版　〒101-0047 東京都千代田区内神田2-4-2 グローバルビル　電話 03-3253-5944　Fax 03-3253-5945

# 高校入試の基礎知識

# 入試直前 ファイナルチェック

今回は、間近に迫る公立高校の学力検査までに、チェックしておくべきことについて「最後のアドバイス」をお送りします。いまから、これまでと変わったことをやろうと考えるよりも、これまで学んできたことの延長線上で、いまできることを考え、しっかりとチェックしておきましょう。

## 都立高校の解答用紙はマークシート方式に

首都圏公立高校の学力検査が近づいてきました。最も早い千葉・前期選抜（2月9日・10日）までは1カ月を切っています。最も遅い埼玉の学力検査（3月2日）までで1カ月半です。今回はこの短い期間にできること、気をつけることについてお話しします。

さて、来月からの入試で、最も注意したいのは東京都立高校を受検するみなさんです。都立高校は、今度の入試から、ごく一部を除き、ほぼすべての学校で解答用紙にマークシート方式を採用するからです。

併願している私立高校がマークシート方式なら、まだ「慣れ」も生じるかもしれませんが、初めての場合には要注意です。

どんなことに注意したらよいかは、前々号（12月号）のこのコーナーで詳しく述べていますので読み返してみましょう。

また、その後、東京都教育委員会（以下、都教委）はホームページ上にマークシート解答用紙のサンプルを掲載しました。ぜひ、実際の解答用紙見本を使ってマークの塗りつぶしや、消しゴムで消す練習をしておきましょう。消しゴムの消しくずが用紙に残ると、読み取りミスの原因になるという注意書きも掲載されています。

都教委のホームページを開くと、左上の欄に「都立学校に入りたい方」という文字があります。そこをクリックすると「入試情報」というページに入れます。

「入試情報」のなかに「平成28年度東京都立高等学校入学者選抜におけるマークシート方式問題の出題形式や特別措置における学力検査問題の変更点等に関するリーフレットについて」という長いタイトルがありますので、そこをクリックするとマークシート記入上の注意点をまとめたリーフレットを読めたり、マークシート解答用紙をプリントすることができます。

ただし、マークシート解答用紙のプリントは、そのままではA4サイズで印刷されます。実際の解答用紙はB4サイズですので、プリンターに拡大印刷の指示を出すか、A4サイズのものを拡大コピーしましょう。実際のものに近づけるためにカラー印刷の方がよいでしょう。

さて、マークシート解答での最大

の敵は「マークミス」です。

なかでも多い「マークずれ」というミスへの対応は、「大問ごとに確認すること」と「わからない問題も一応チェックマークする（あとで再度考えるために、×印やレ点を解答マーク欄の左端にめだつように記しておく）」の2点です。未解答のマークを空白にしておくと、そこからマークがずれていく原因になります。

数学で注意したいのは分数での解答です。ホームページ上のサンプルでわかる通り、分数の解答をマークするときは、分子→分母の順でマークすることになります。頭のなかではいつもの通り、「○分の□」と分母を先に考えていると思いますが、それとは逆にマークすることになるので要注意です。

## 答案のミスを防ぐために過去問の解答をチェック

マークシートでのミスの話をしましたが、これに限らず、受験当日、「しまった!」と悔いが残ることになるのは、なんといっても「わかっていたのに…」というミスです。

「ミスをしなければ合格」というボーダーラインなら、その嘆きはいかばかりか、ということになります。

ミスは、「気をつける」とか「何度も見直す」ということだけでは、じつは防げません。

気をつけているのにミスは起きます。見直すといっても、「合っている」と思っている解答のミスは見つけられないものです。

ミスを減らすことができるのは、「自分がしやすいミスのパターンを知っておくこと」に尽きます。そのパターンにはまっているのではないか、とチェックすれば見つけることができるからです。

これから短い時間ですが、これまでの模試や、学校や塾でのテスト、過去問演習の解答などを見直し、どういうミスをしたかを振り返っておきましょう。自分はどういうミスをしやすいのかがわかっていれば、見直しをするときの「ものさし」になります。

## いまからの時期は社会と理科に重点をおく

公立高校の入試は5教科で行われます。そのうち国語、数学、英語は、積み重ねが大切な教科です。

例えば数学では、まず、正の数・負の数の計算と文字式の計算をやりましたよね。そして、関数と図形に関する基礎的、基本的な力をつけてきました。入試では関数と図形が複合した問題など、数学の総合的な力量が問われます。関数については方程式の力も必要です。つまり、積み重ねてきたことすべてを総動員して挑まなければならない教科です。

英語も同じです。英単語や文法の知識の積み重ねがなければ、入試問題の柱である長文読解や英作文の問題には歯がたちません。

国語にしても、積み重ねが大切な教科ですから、これからの短い時間に少し力を入れたからといって、そう簡単には入試に直結する力はつきません。

一方、社会や理科は積み重ねで力がついていく教科ではありません。段階的に理解していく要素は少ない教科なのです。細胞が理解できたから、天体や電気がわかるというものではありません。個々に学んでいくものなのです。社会にしても安土・桃山時代の知識は、ヨーロッパの地理にはあまり関係ありません。

ですから、入試まであと少しというこの時期は、社会や理科といったいわゆる暗記教科を中心に勉強する方が得策です。

また、受験生のほとんどは私立高

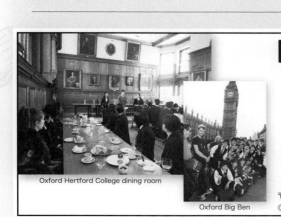

校と併願しています。私立高校は3教科入試です。ですから、どの受験生もこの国・数・英の3教科に力をいれて勉強を続けてきました。

ということは、学力が似通った生徒が受ける公立志望校の入試では、国・数・英ではあまり差がつかず、合否を分けるのは理、社の得点なのです。

## どう答案を作るのかを考える受験生が有利

これからは短い時間ですが、取り組むべきは、やはり過去問攻略です。

「過去問なんて全部終わっちゃったよ」という人は、進学塾の先生と相談して、他校の類題を解いてみましょう。

さて、これから入試当日までの過去問の解き方は、入試当日の答案をどう作るかという「アウトプット」を意識した「答案作り」に重点をおきます。ただ問題を解くのではなく、どう採点してもらうかを意識するのです。そのポイントをお話しします。

### ●数学は途中の計算式が重要

数学では「途中の計算式をすべて丁寧に書く」ことが重要です。「残り時間が気になって途中式は書かなかった」という受験生は、最後に見直したときにも計算ミスに気づくわけがありません。焦って解いているときほど、計算ミスは出ます。

入試では、多少時間のロスはあったとしても、正解を導くことがすべてです。

### ●選択問題では消去法を

国語や英語の選択問題を解くときのコツがあります。選択問題の場合、4択または5択という場合が多く、見れば見るほど迷ってしまう、ということも起きます。

選択問題では、まず「これは明らかに間違っている」という選択肢を消していく方法がおすすめです。すぐに正答がわからなくとも、選択肢を絞っていけば、正解が見えてきます。選択肢を減らし、しっかりと考えて、自分でも根拠を説明できる選択肢を選びましょう。

### ●問題の長文にアンダーラインを引く

英語や国語では、長文の重要な箇所にアンダーラインを引くことが、入試本番では非常に重要です。

入試ではかなり緊張もします。長文を読んだときに普段なら頭に入ることも本番ではなかなかうまくいきません。これは、いわゆる「焦った」状態です。こうなると、設問を読んだときに、慌てて長文を見返しても、その設問に見合う部分がどこにあるのかが、わからなくなってしまうのです。

長文を読みながら、重要と思われる部分にアンダーラインを引いておけば、設問から、問題の長文のどの部分を読めばよいのかがすぐにわかります。

## 埼玉受検生の注目情報！

埼玉県教委は12月、近づく2016年度の公立高校入試の採点に関して、「採点する側」の採点原則を公表した。受検生にとっても重要なポイントとなるので、頭に入れておいた方がいい。とくに「3」を知っておくこと。

**「採点に関する原則」**

この「採点に関する原則」は、受検者のいろいろな解答を予想して、採点する場合の基準を示したものである。採点は次の1～5、及び各教科の「採点の手引」によるものとする。（編集部注・「採点の手引」は例年入試後の3月初旬に正答とともに公表される）

1　問題のねらっていることが、理解されているとはっきり判断できるものは、正答とする。

2　部分点については、次のとおりとする。

⑴各教科の「採点の手引」の「採点上の注意」に「部分点を認める」と示した問題以外の問題についても、各学校の裁量で部分点を認めてもよい。

⑵部分点は整数とし、0点を下回らない。

3　次のような場合は、各学校の裁量により正答と認めて差し支えない。なお、正答と認めず減点する場合は、右記1の趣旨を踏まえ、過度な減点は行わない。

⑴「ひらがな」で書くべきところを、「かたかな」で書いた場合。

⑵「かたかな」で書くべきところを、「ひらがな」で書いた場合。

⑶漢字で書けるところを、「ひらがな」等で書いた場合。

⑷文字そのものの正確さを問う問題を除いて、文字についての若干の誤りや不正確な点のある場合。

4　上記3以外で、指示に反した答え方をした解答や判読に苦しむような解答は、正答と認めない。

5　各教科の「採点の手引」に示したもの以外の正答も予想されるので、十分留意する。

（埼玉県教育委員会HPより）

# ご提案型の教育旅行会社って？

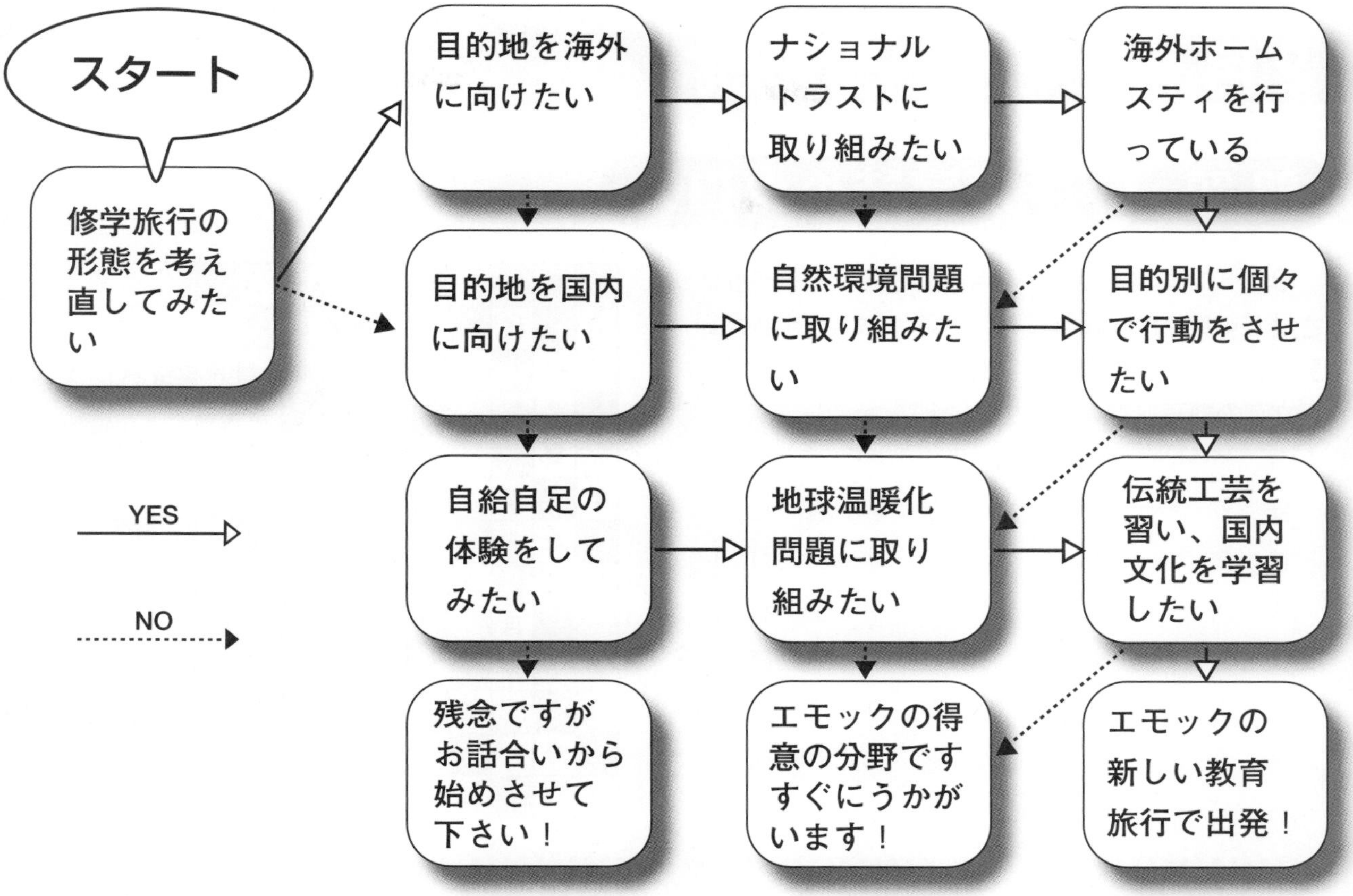
スタート
修学旅行の形態を考え直してみたい
目的地を海外に向けたい
ナショナルトラストに取り組みたい
海外ホームスティを行っている
目的地を国内に向けたい
自然環境問題に取り組みたい
目的別に個々で行動をさせたい
自給自足の体験をしてみたい
地球温暖化問題に取り組みたい
伝統工芸を習い、国内文化を学習したい
YES
NO
残念ですがお話合いから始めさせて下さい！
エモックの得意の分野ですすぐにうかがいます！
エモックの新しい教育旅行で出発！

従来の名所旧跡を訪ねる修学旅行から、最近ではさまざまなテーマを生徒個々または小グループごとにコンセプトメークしひとつの社会貢献の一環として、位置づける学習旅行へと形態移行しつつあります。

小社では国内及び海外の各種特殊業界視察旅行を長年の経験と実績で培い、これらのノウハウを学校教育の現場で取り入れていただき、保護者、先生、生徒と一体化した旅行づくりを行っております。

一例

- ●海、山、川の動物、小動物の生態系研究
- ●春の田植えと秋の収穫体験、自給自足のキャンプ
- ●生ごみ処理、生活廃水、産業廃棄物、地球温暖化などの環境問題研究
- ●ナショナルトラスト（環境保全施設、自然環境、道の駅、ウォーキング）
- ●語学研修（ホームスティ、ドミトリー、チューター付研修）など

# 12月号の答えと解説

## 問題 Q 漢字詰めクロス

リストの漢字を使って漢字クロスワードを完成させてください。■のマスには漢字は入りません。最後まで使わずに残る漢字を組み合わせてできる、3文字の熟語を答えてください。

| | | | | | | | | | |
|---|---|---|---|---|---|---|---|---|---|
| 安 | 安 | 一 | 一 | 英 | 下 | 歌 | 解 | 害 | 格 |
| 機 | 気 | 経 | 険 | 限 | 後 | 護 | 効 | 口 | 行 |
| 高 | 財 | 子 | 子 | 指 | 写 | 車 | 主 | 手 | 心 |
| 真 | 絶 | 前 | 体 | 団 | 段 | 中 | 倒 | 東 | 同 |
| 日 | 日 | 馬 | 髪 | 飛 | 微 | 評 | 文 | 無 | 無 |
| 名 | 命 | 面 | 模 | 目 | 用 | 理 | 力 | 力 | 列 |

| | | | | | | | | | | | | |
|---|---|---|---|---|---|---|---|---|---|---|---|---|
| | 耳 | | 風 | ■ | 危 | | 一 | | ■ | | 作 | |
| 鹿 | ■ | 洋 | ■ | 保 | | ■ | | ■ | | 語 | ■ | 化 |
| | 感 | ■ | 大 | | ■ | | 心 | | 体 | ■ | 資 | |
| ■ | | 記 | | ■ | 値 | | ■ | 盟 | ■ | 風 | | ■ |
| | 量 | ■ | | 動 | ■ | 落 | | ■ | 批 | | ■ | 絶 |
| 笑 | ■ | 整 | | ■ | 廊 | ■ | | 紙 | ■ | 被 | | |
| ■ | 総 | | ■ | 天 | | | 品 | ■ | 水 | | ■ | 絶 |
| 糞 | | ■ | 元 | | ■ | 人 | ■ | 背 | | ■ | 特 | |
| | ■ | 月 | | ■ | 空 | | | | ■ | 有 | | ■ |
| 面 | | 見 | ■ | 規 | | ■ | 好 | ■ | 制 | ■ | 薬 | |
| | ■ | | 結 | ■ | 様 | | ■ | | | 大 | ■ | 名 |
| ■ | 分 | | ■ | 仮 | ■ | 守 | | 神 | ■ | | 下 | |
| 理 | | ■ | 四 | | 楚 | | ■ | | 営 | ■ | | 配 |

## 解答 高飛車

### 解説

パズルを完成させると、右のようになり、最後まで使わずに残る漢字は、「高」「車」「飛」の3文字です。

「高飛車」は、相手に対して高圧的な態度をとることをいいます。元々は将棋の用語で、飛車を自陣の前方に高く進める戦法をいい、敵陣を威圧する攻撃的な陣形のため、将棋以外でも「高圧的」の意味として使われるようになりました。相手を威圧するという点では「居丈高《いたけだか》」も似た意味になります。

| | | | | | | | | | | | | |
|---|---|---|---|---|---|---|---|---|---|---|---|---|
| 馬 | 耳 | 東 | 風 | ■ | 危 | 機 | 一 | 髪 | ■ | 英 | 作 | 文 |
| 鹿 | ■ | 洋 | ■ | 保 | 険 | ■ | 安 | ■ | 主 | 語 | ■ | 化 |
| 力 | 感 | ■ | 大 | 安 | ■ | 一 | 心 | 同 | 体 | ■ | 資 | 財 |
| ■ | 無 | 記 | 名 | ■ | 値 | 段 | ■ | 盟 | ■ | 風 | 格 | ■ |
| 微 | 量 | ■ | 行 | 動 | ■ | 落 | 日 | ■ | 批 | 評 | ■ | 絶 |
| 笑 | ■ | 整 | 列 | ■ | 廊 | ■ | 用 | 紙 | ■ | 被 | 写 | 体 |
| ■ | 総 | 理 | ■ | 天 | 下 | 一 | 品 | ■ | 水 | 害 | ■ | 絶 |
| 糞 | 力 | ■ | 元 | 気 | ■ | 人 | ■ | 背 | 中 | ■ | 特 | 命 |
| 真 | ■ | 月 | 日 | ■ | 空 | 前 | 絶 | 後 | ■ | 有 | 効 | ■ |
| 面 | 倒 | 見 | ■ | 規 | 模 | ■ | 好 | ■ | 制 | ■ | 薬 | 指 |
| 目 | ■ | 団 | 結 | ■ | 様 | 子 | ■ | 無 | 限 | 大 | ■ | 名 |
| ■ | 分 | 子 | ■ | 仮 | ■ | 守 | 護 | 神 | ■ | 口 | 下 | 手 |
| 理 | 解 | ■ | 四 | 面 | 楚 | 歌 | ■ | 経 | 営 | ■ | 心 | 配 |

**＊言葉の解説**

**馬耳東風《ばじとうふう》**…人の意見や忠告を聞かず、聞き流し、気にも留めないことのたとえ。

**一段落**…物事が一応片づくこと。一区切り。「仕事（宿題）が一段落する」などのように使う。

**風評被害**…根拠のない噂のために受ける被害。とくに、事件や事故が起きたとき、報道などが適切でなかったことによって、本来は無関係であるはずの人々や団体までもが損害を受けること。

**四面楚歌**…周りがすべて敵や反対者ばかりで、助けや味方がいないこと。孤立無援。

# 中学生のための学習パズル

## 今月号の問題

### 論　理　パ　ズ　ル

下のように東西に引いた直線の上にＡ～Ｆの6人が立っています。

西　―○―○―○―○―○―○―　東

ただし、６人の向いている方向はばらばらで、それぞれ東西南北のいずれかを向いています。６人は、自分の向きや周りの人について、次のように言いました。

Ａ：「ぼくの前方には３人いるけど、３人ともぼくと違う方向を向いているよ」

Ｂ：「ぼくと同じ方向を向いている人はいないよ」

Ｃ：「ぼくの右どなりはＡ君だよ」

Ｄ：「ぼくのすぐ後ろはＢ君だよ」

Ｅ：「ぼくの左どなりはＡ君だよ」

Ｆ：「ぼくのすぐ後ろはＣ君だよ」

このとき、互いに立っている向きが反対であるのは、次のア～オのうちどれでしょう。

ア　ＡとＢ
イ　ＢとＣ
ウ　ＣとＤ
エ　ＤとＥ
オ　ＥとＦ

## 12月号学習パズル当選者

全正解者68名

**金谷　百華**さん（東京都板橋区・中３）
**佐藤　彩夏**さん（東京都武蔵野市・中３）
**赤澤　恵**さん（神奈川県横浜市・中１）

## 応募方法

**●必須記入事項**

01　クイズの答え
02　住所
03　氏名（フリガナ）
04　学年
05　年齢
06　右のアンケート解答

◎すべての項目にお答えのうえ、ご応募ください。
◎ハガキ・ＦＡＸ・e-mailのいずれかでご応募ください。
◎正解者のなかから抽選で３名の方に図書カードをプレゼントいたします。
◎当選者の発表は本誌2016年４月号誌上の予定です。

**●下記のアンケートにお答えください。**

Ａ今月号でおもしろかった記事とその理由
Ｂ今後、特集してほしい企画
Ｃ今後、取り上げてほしい高校など
Ｄその他、本誌をお読みになっての感想

**◆応募締切日 2016年2月15日**（当日消印有効）

**◆あて先**
〒101-0047　東京都千代田区内神田2-4-2
グローバル教育出版　サクセス編集室
FAX：03-5939-6014
e-mail:success15@g-ap.com

# 文《ぶん》化《か》学《がく》園《えん》大《だい》学《がく》杉《すぎ》並《なみ》高等学校

■ 東京都杉並区阿佐谷南3-48-16
■ JR中央線・総武線・地下鉄東西線「阿佐ヶ谷駅」、JR中央線・総武線・地下鉄東西線・丸ノ内線「荻窪駅」徒歩8分、地下鉄丸ノ内線「南阿佐ヶ谷駅」徒歩10分
■ 03-3392-6636
■ http://bunsugi.jp/

**問題**

次の問いに答えなさい。

(1) 正四面体A－BCDの頂点Aに点Pがある。
点Pはサイコロを1回投げて，1,2,3,4の目が出たとき，それぞれ点A，B，C，Dへ移動し，5,6の目が出たとき，移動せずその頂点に留まるものとする。サイコロを2回投げたとき，点PがAの位置にいる確率を求めなさい。

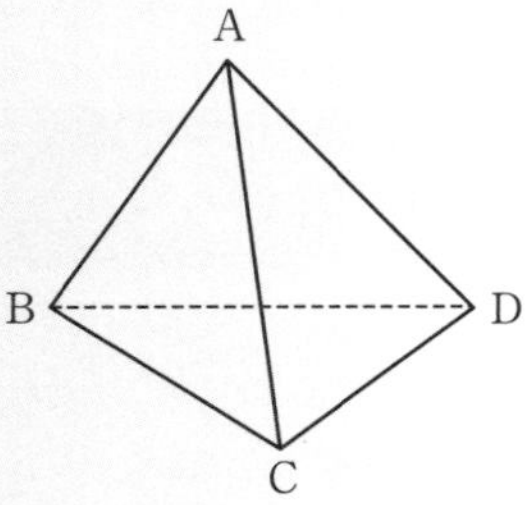


(2) 右の図のように，1辺の長さが4cmのひし形ABCDがあり，∠ABC＝60°である。また，円Oはひし形ABCDのすべての辺に接している。
円Oの半径の長さを求めなさい。

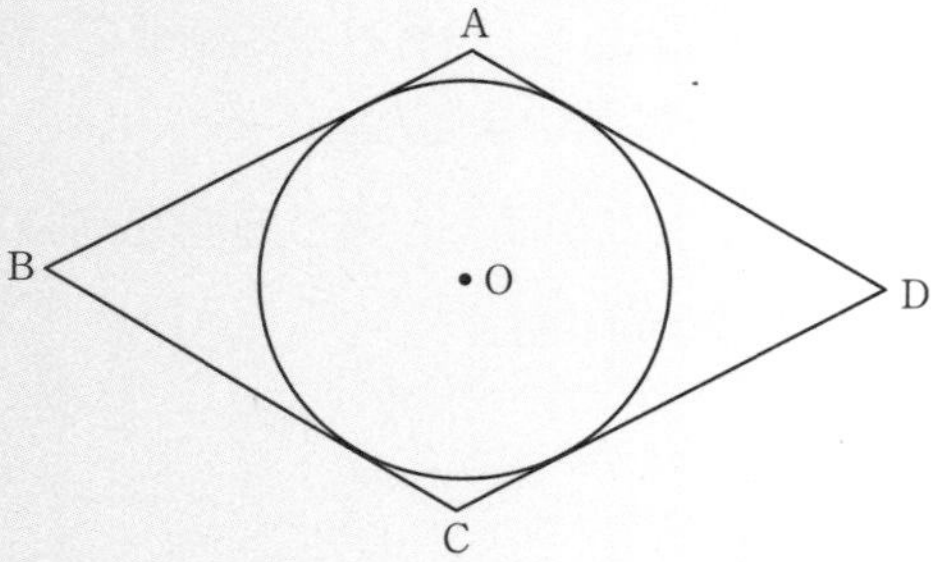


解答　(1) $\frac{1}{3}$　(2) $\sqrt{3}$

# 山《やま》手《て》学《がく》院《いん》高等学校

■ 神奈川県横浜市栄区上郷町460
■ JR京浜東北線・根岸線「港南台駅」徒歩12分
■ 045-891-2111
■ http://www.yamate-gakuin.ac.jp/

**問題**

図1のように，縦と横に3つずつのマスがあります。はじめはすべてのマスに，図2のような片面が白で反対の面が黒のコマを白い面を上にして置きます。図1の△アの位置にいる人が，この9つのコマから無作為に1つを選んで裏返すことを1回の作業とします。このとき，次の各問いに答えなさい。ただし，コマの選び方はどれを選ぶ場合も同様に確からしいものとします。

図1

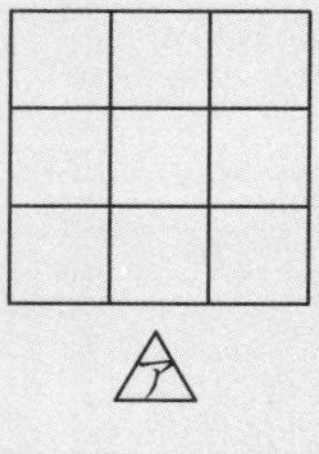


図2

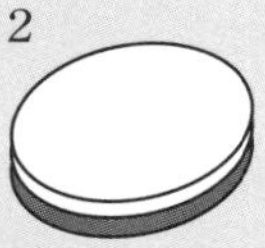

(1) 2回の作業を終えたとき，次の図のようになる確率を求めなさい。

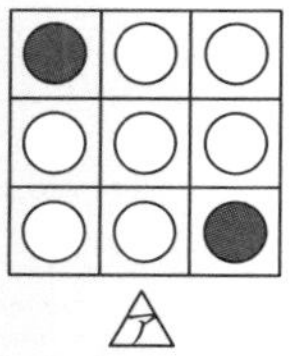


(2) 3回の作業を終えたとき，次の図のようになる確率を求めなさい。

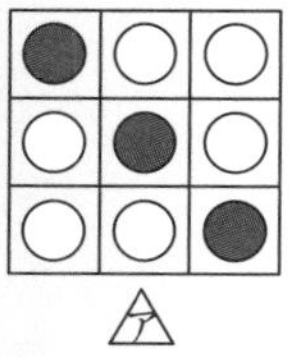


(3) 3回の作業を終えたとき，次の図のようになる確率を求めなさい。

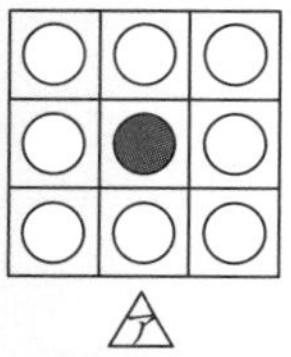


解答　(1) $\frac{2}{81}$　(2) $\frac{2}{243}$　(3) $\frac{25}{729}$

# 私立高校の 入試問題

## 共《きょう》栄《えい》学《がく》園《えん》高等学校

**問題**

次の各組がほぼ同じ内容になるように（　　）に当てはまる単語を答えなさい。

1. I started studying English when I was young and I still keep studying it.
   I have（　　）English（　　）I was young.

2. His school has about 1,000 students at the moment.
   （　　）（　　）about 1,000 students in his school at the moment.

3. Tokyo Sky Tree is the tallest building in Japan.
   Tokyo Sky Tree is（　　）than（　　）other building in Japan.

4. He is always late for school because he gets up late every day.
   （　　）he gets up（　　）, he won't be late for school.

5. We are going to go to the mountains tomorrow.
   （　　）（　　）is to go to the mountains tomorrow.

解答　1.studied, since　2.There are　3.taller, any　4.If, earlier　5.Our plan

■ 東京都葛飾区お花茶屋2-6-1
■ 京成線「お花茶屋駅」徒歩３分
■ 03-3601-7136
■ http://www.kyoei-g.ed.jp/

**入試日程**

| | |
|---|---|
| A推薦入試 | 1月22日（金） |
| B推薦入試 | 1月22日（金） |
| 千葉一般入試 | 2月７日（日） |
| 一般入試 | 2月10日（水） |
| チャレンジ入試 | 2月14日（日） |

## 京《けい》華《か》高等学校

**問題**

下の図のように，２直線 $x+2y-6=0$ ……①，$2x+y-2=0$ ……②と $x$ 軸，$y$ 軸に囲まれた四角形ABCDがある。

次の各問いに答えよ。

(1) 直線①と直線②の交点の座標を求めよ。

(2) 四角形ABCDの面積を求めよ。

(3) 点Cを通り，四角形ABCDの面積を２等分する直線の式を求めよ。

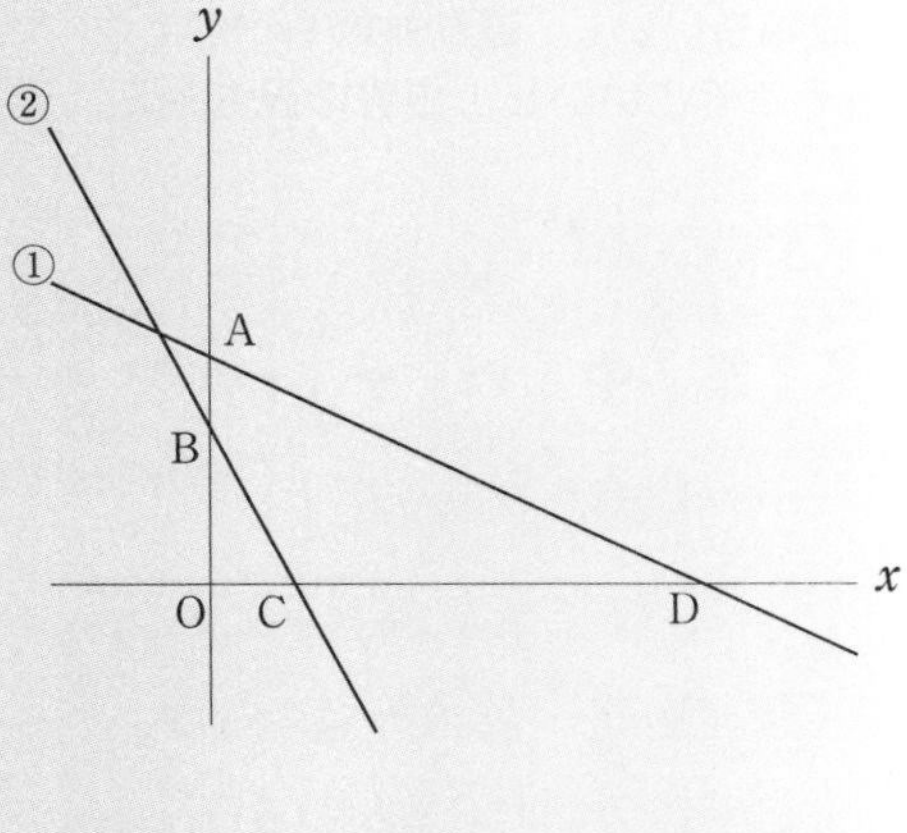


解答　(1) $\left(-\frac{2}{3}、\frac{10}{3}\right)$　(2) 8　(3) $y=\frac{8}{9}x-\frac{8}{9}$

■ 東京都文京区白山5-6-6
■ 都営三田線「白山駅」徒歩３分、地下鉄南北線「本駒込駅」徒歩８分、地下鉄千代田線「千駄木駅」徒歩18分
■ 03-3946-4451
■ http://www.keika.ed.jp/

**入試日程**

| | | |
|---|---|---|
| 推薦入試 | | |
| A推薦 | 進学・特進 | 1月22日（金） |
| A推薦 | S特進 | 1月23日（土） |
| B推薦 | 進学・特進 | 1月23日（土） |
| B推薦 | S特進 | 1月23日（土） |
| 一般入試 | | |
| 第１回 | 進学・特進 | 2月10日（水） |
| 第１回 | S特進 | 2月10日（水） |
| 第２回 | 進学・特進 | 2月13日（土） |
| 第２回 | S特進 | 2月13日（土） |

Letter section

みんなの
お便りコーナー

# サクセス広場

テーマ
## 冬休みの思い出

クリスマスやお正月もいいけど、年末の**大掃除**が結構好き。うちは終わったあとに家族全員で近所の銭湯に行くんだけど、それも込みで楽しい。
(中2・きれい好きさん)

去年の冬休みに、人生初の**スキー**に行ってきました。転びすぎて途中からはもう笑うしかなかった。こりゃセンスないな…。
(中3・ベイマックチュさん)

お正月に親についていって親戚周り。そこで**お年玉**を大量ゲットするのが毎年の楽しみ！
(中1・お年玉ハンターさん)

去年、初めて**つきたてのお餅**を食べたらすごいおいしかったです。でも食べすぎで太りました…。
(中2・もっちーさん)

小学生のころ始業式の日を間違えて覚えていて、**だれもいない学校**に登校したことがある。正月ボケしていたらしい。
(中3・寝ぼけ癖さん)

去年は、**クラスのみんなで初詣**に行きました。人混みにまぎれて好きな人と手をつなげたので、新年早々ハッピーな思い出になりました！
(中2・K.O.さん)

テーマ
## 憧れている人

いつも髪を切ってもらっている**美容師さん**です。髪の毛を切りながら、色々な話をおもしろおかしく話してくれて、こんなふうに話せたらなって憧れています。
(中1・ロベタマンさん)

**イトコのお兄さん**みたいに文武両道で頑張って、志望校の国立大学に合格できるようになりたいな～。
(中2・道のりは遠い…さん)

じつは**ジャニーズ**に憧れています。イケメンで踊って歌えるなんて最強ですよ！
(中1・モテたい！ さん)

**O先輩の彼女**。O先輩、本当にかっこよくて大好きなんですけど、O先輩の彼女もかわいくてお似合いなんです。私もかわいくなりたいな～。
(中2・ヒロインさん)

恥ずかしくて本人にも親にも言ったことないけど、じつは**兄**に憧れてます。成績もいいし、運動神経もいいし、顔もそこそこいいし…自慢の兄ちゃんなんです。
(中3・ブラザーとらさん)

テーマ
## 2016年の目標

**皆勤賞**をめざします！
(中2・学校スキーさん)

いま英語をすごく頑張ってて、2016年は**英検準2級**を取りたいです！
(中2・Yes, I am!　さん)

部活動で**レギュラー**になる。1年間ケガでほとんど試合に出られなかったので、その悔しさをぶつけたい！
(中2・ハンド大好きさん)

**1人で起きられる**ようにする！　毎朝、全然起きられなくて母に怒られているので…。大音量の目覚まし時計を買おうかな。
(中1・T.T.さん)

**部活動の大会で1勝**する！　じつはまだ大会では1度も勝利の感動を味わったことがないんです…。
(中2・野球部員さん)

通知表で**オール5**をめざします。都立の日比谷高校に入りたいので、それくらい成績優秀にならないと！
(中1・トップをねらえさん)

### 必須記入事項

A／テーマ、その理由　B／住所　C／氏名
D／学年　E／ご意見、ご感想など

ハガキ、FAX、メールを下記までどしどしお寄せください!
住所・氏名は正しく書いてください!!
ペンネームは氏名のうしろに(　)で書いてネ!
【例】サク山太郎(サクちゃん)

### 宛先

〒101-0047　東京都千代田区内神田2-4-2
グローバル教育出版　サクセス編集室
FAX:03-5939-6014
e-mail:success15@g-ap.com

### 募集中のテーマ

「憧れの職業」
「春と言えば?」
「この世で一番好きなもの」

応募〆切 2016年2月15日

ここにメールしてね!!

success15

ケータイ・スマホから上のQRコードを読み取り、メールすることもできます。

Present!!　掲載された方には抽選で**図書カード**をお届けします!

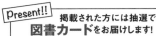

サクセス イベントスケジュール

# 1月～2月

## 世間で注目のイベントを紹介

### 節分

2月3日の節分。もとは季節の変わり目に行われた邪気を払う宮中行事で、それが庶民に広まったものだ。「鬼は外、福は内」のかけ声で豆まきをするのが一般的だけど、鬼を祀《まつ》っている神社や、鬼の字が姓につく家庭、鬼の字がつく地名の地域などでは、「鬼は内」と言うところもあるんだ。

＼17世紀のオランダの絵画／

### フェルメールとレンブラント：17世紀オランダ黄金時代の巨匠たち

**1月14日（木）～3月31日（木）**
**森アーツセンターギャラリー**

黄金時代と呼ばれ、急速な経済発展に伴う国の成長と芸術文化の発達を見せた17世紀オランダ。優れた画家たちにより多くの傑作が生み出されたこの時代をテーマにした展覧会では、フェルメール、レンブラントをはじめ当時活躍した画家たちの作品60点を風景画や肖像画などジャンルごとに紹介。日本初公開作品も多く、必見の内容だ。

ヨハネス・フェルメール《水差しを持つ女》1662年頃 油彩・カンヴァス、45・7×40・6㎝ メトロポリタン美術館、ニューヨーク Marquand Collection, Gift of Henry G. Marquand, 1889 (89.15.21) Photo Credit: Image copyright © The Metropolitan Museum of Art. Image source: Art Resource, NY

「フェルメールとレンブラント」展の招待券を5組10名様にプレゼントします。応募方法は下記を参照。

＼都会のアイススケートリンク／

### 三井不動産 Ice Rink in Tokyo Midtown

**1月6日（水）～3月6日（日）**
**東京ミッドタウン 芝生広場**

赤坂の東京ミッドタウンに、屋外アイススケートリンクが登場！ しかも、210名を収容できる都内最大級のスケートリンクだっていうからすごい。高層ビルがそびえる都会の風景のなかで伸びのびとアイススケートを楽しめるなんて、なかなかできない体験だよね。冬らしいことがしたい人、身体を動かすのが大好きな人におすすめのスポットだ。

＼自然の神秘に感動！／

### 宇宙から見たオーロラ展2016

**1月5日（火）～2月7日（日）**
**コニカミノルタプラザ**

美しいオーロラの写真の展示や映像を上映する「宇宙から見たオーロラ展」。2008年から毎年行われている人気の企画展だ。宇宙飛行士油井亀美也氏が宇宙空間から撮影した写真をはじめ、国際宇宙ステーションから見たオーロラの写真や、ハイビジョン映像でオーロラの生中継を行う「Live! オーロラ」などもある。入場無料なので気軽に見に行けるよ。

Image courtesy of the Earth Science and Remote Sensing Unit, NASA Johnson

＼ボタニカル・アートの世界／

セバスチャン・シューデル《マルタゴン・リリー（ユリ科）とクロアザミ（キク科）、他》（『カレンダリウム』より）17世紀初頭、キュー王立植物園蔵 ©The Board of Trustees of the Royal Botanic Gardens, Kew

「イングリッシュ・ガーデン」展の招待券を5組10名様にプレゼントします。応募方法は下記を参照。

### 世界遺産キュー王立植物園所蔵 イングリッシュ・ガーデン 英国に集う花々

**1月16日（土）～3月21日（月祝）**
**パナソニック 汐留ミュージアム**

植物の芽吹く春が待ち遠しくなる美しい展覧会が開催される。ボタニカル・アートとは、植物を科学的に正確に描いた絵のこと。この展覧会は、イギリスのキュー王立植物園の所蔵するボタニカル・アートの名品を筆頭に、植物をモチーフとしたデザイン・工芸品など約150点が展示される。ダーウィンの直筆資料など貴重な作品も見られるよ。

＼全国の鍋料理が大集合！／

### 和光市商工会 ニッポン全国鍋グランプリ2016

**1月30日（土）・1月31日（日）**
**和光市役所内 市民広場特設会場**

日本各地のあったかい鍋料理が食べられるおいしくて楽しいイベントがこちら。「ニッポン全国鍋グランプリ」は、日本各地のさまざまなご当地鍋料理が一堂に会する日本最大級の鍋料理コンテストだ。来場者の投票によって各賞が決まる参加型コンテストなので、家族や友だちといっしょに行って、色々食べ比べてから投票するのも楽しそうだね。

＼奇跡のコレクション／

エル・グレコ《受胎告知》1590年頃－1603年／109・1×80・2㎝／油彩・カンヴァス

「はじまり、美の饗宴展」の招待券を5組10名様にプレゼントします。応募方法は下記を参照。

### はじまり、美の饗宴展 すばらしき大原美術館コレクション

**1月20日（水）～4月4日（月）**
**国立新美術館**

1930年（昭和5年）、日本初の西洋美術を紹介する本格的な美術館として設立された岡山県倉敷市にある大原美術館。その珠玉のコレクションを紹介する展覧会だ。エル・グレコの《受胎告知》をはじめとした19～20世紀西洋近代絵画や、古代美術、日本の近代美術、民芸、戦後美術、現代美術など多岐にわたる優れた美術品に出会える。

希望する展覧会の名称・住所・氏名・年齢・「サクセス15」を読んでのご意見ご感想を明記のうえ、編集部までお送りください（応募締切2016年2月15日必着　あて先は69ページ参照）。当選の発表は賞品の発送をもってかえさせていただきます。

# Success15 Back Number

## サクセス15 バックナンバー好評発売中！

**2016 1月号**

**過去問演習でラストスパート**

**サクラサク合格必勝アイテム**

SCHOOL EXPRESS 東京都立日比谷

Focus on 法政大学高

**2015 12月号**

**世界にはばたけ！SGH大特集**

**苦手でも大丈夫!! 国・数・英の楽しみ方**

SCHOOL EXPRESS 埼玉県立浦和

Focus on 中央大学高

**2015 11月号**

**高校受験 あと100日の過ごし方**

**サクセス編集部セレクション シャーペン・ザ・ベスト10**

SCHOOL EXPRESS 東京都立国立

Focus on 國學院大學久我山

**2015 10月号**

**社会と理科の分野別勉強法**

**図書館で、本の世界を旅しよう！**

SCHOOL EXPRESS 東京都立戸山

Focus on 明治大学付属中野

**2015 9月号**

**どんな部があるのかな？高校の文化部紹介**

**集中力が高まる8つの方法**

SCHOOL EXPRESS 神奈川県立横浜翠嵐

Focus on 中央大学杉並

**2015 8月号**

**夏休みレベルアップガイド**

**作ってみよう！夏バテを防ぐ料理**

SCHOOL EXPRESS 早稲田大学本庄高等学院

Focus on 法政大学第二

**2015 7月号**

**参加しよう学校説明会etc**

**中学生のための手帳活用術**

SCHOOL EXPRESS 東京都立西

Focus on 青山学院高等部

**2015 6月号**

**キミもチャレンジしてみよう高校入試数学問題特集**

**一度は行ってみたい！世界＆日本の世界遺産**

SCHOOL EXPRESS 慶應義塾志木

Focus on 公立高校 東京都立富士

**2015 5月号**

**先輩教えて！合格をつかむための13の質問**

**数学っておもしろい！ 数の不思議**

SCHOOL EXPRESS 早稲田大学高等学院

Focus on 公立高校 神奈川県立湘南

**2015 4月号**

**国立・公立・私立徹底比較2015**

**東大生オススメブックレビュー**

SCHOOL EXPRESS 早稲田実業学校高等部

Focus on 公立高校 神奈川県立横浜緑ケ丘

**2015 3月号**

**もっと知りたい！高大連携教育**

**宇宙について学べる施設**

SCHOOL EXPRESS 国際基督教大学高

Focus on 公立高校 茨城県立土浦第一

**2015 2月号**

**受験生必見！入試直前ガイダンス**

**2014年こんなことがありました**

SCHOOL EXPRESS 昭和学院秀英

Focus on 公立高校 東京都立青山

**2015 1月号**

**学年別冬休みの過ごし方**

**パワースポットで合格祈願**

SCHOOL EXPRESS 慶應義塾湘南藤沢

Focus on 公立高校 千葉県立千葉東

**2014 12月号**

**いまから知ろう！首都圏難関私立大学**

**スキマ時間の使い方**

SCHOOL EXPRESS 明治大学付属明治

Focus on 公立高校 埼玉県立川越

**2014 11月号**

**志望校対策はコレでバッチリ！過去問演習5つのポイント**

**本気で使える文房具**

SCHOOL EXPRESS 立教新座

Focus on 公立高校 神奈川県立柏陽

**2014 10月号**

**大学生の先輩に聞く2学期から伸びる勉強のコツ**

**「ディベート」の魅力とは**

SCHOOL EXPRESS 筑波大学附属駒場

Focus on 公立高校 千葉県立薬園台

これより前のバックナンバーはホームページでご覧いただけます（http://success.waseda-ac.net/）

## How to order バックナンバーのお求めは

バックナンバーのご注文は電話・ＦＡＸ・ホームページにてお受けしております。詳しくは80ページの「information」をご覧ください。

## “個別指導”だからできること × “早稲アカ”だからできること

- 難関校にも対応できる
- 弱点科目を集中的に学習できる
- 最終授業が20時から受けられる
- 早稲アカのカリキュラムで学習できる

## 広がる早稲田アカデミー個別指導ネットワーク

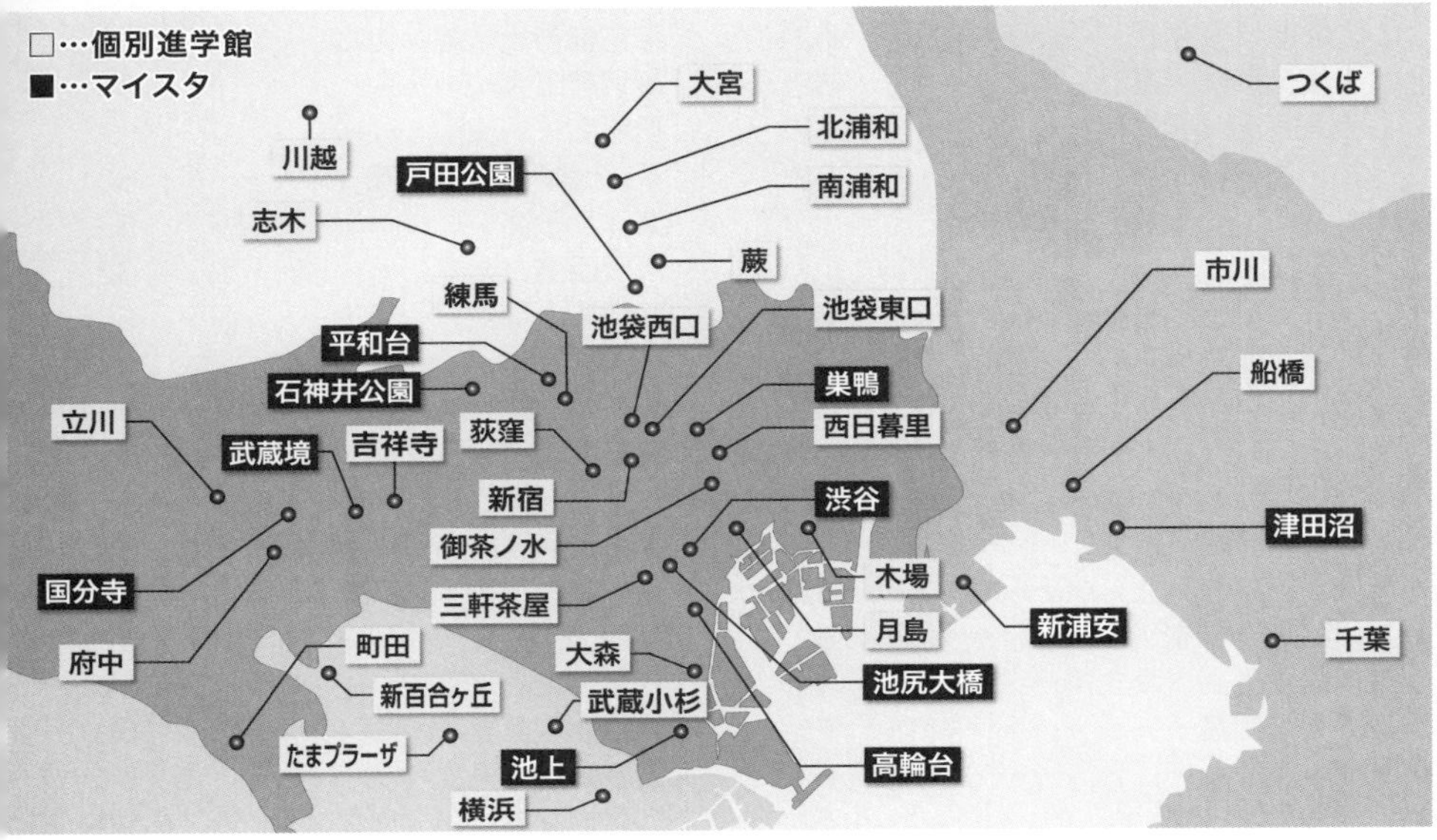


マイスタは2001年に池尻大橋教室・戸田公園教室の2校でスタートし、個別進学館は2010年の志木校の1校でスタートした、早稲田アカデミーの個別指導ブランドです。お子様の状況に応じて受講時間・受講科目が選べます。また、早稲田アカデミーの個別指導なので、集団授業と同内容を個別指導で受講することができます。マイスタは1授業80分で1:1または1:2の指導形式です。個別進学館は1授業90分で指導形式は1:2となっています。カリキュラムなどはお子様の学習状況、志望校などにより異なってきます。お気軽にお近くの教室・校舎にお問い合わせください。

### 悩んでいます… 中1

近くの早稲アカに通いたいのに部活動が忙しくてどうしても曜日が合いません。

**解決します!**

週1日からでも、英語・数学を中心に、早稲アカのカリキュラムに完全に準拠した形での学習が可能です。早稲アカに通う中1生と同じテストも受験できるので、成績の動向を正確に把握したり、競争意識を高められるのも大きな魅力です。

### 悩んでいます… 中2

都立高校を志望しています。内申点を上げたいので、定期テスト対策を重点的にやって欲しい。

**解決します!**

個別指導では学校の教科書に準拠した学習指導も可能です。授業すべてを学校対策にすることもできますし、普段は受験用のカリキュラムで学習をすすめ、テスト前だけは学校の対策という柔軟な対応も可能です。

### 悩んでいます… 中3

受験直前期、過去問の徹底的なやり直しといわれても、効果的な方法で出来るか心配です。

**解決します!**

合格のために必ず克服しなければならない問題を個別にピックアップして類題を集中特訓。

質問もその場で対応。早稲田アカデミーの個別指導にご期待下さい。

**新規開校** 早稲田アカデミー個別進学館 **練馬校** 新入生受付中

小・中・高 全学年対応／難関受験・個別指導・人材育成

# 早稲田アカデミー個別進学館

WASEDA ACADEMY KOBETSU SCHOOL

お問い合わせ・お申し込みは最寄りの個別進学館各校舎までお気軽に!

| | | | | |
|---|---|---|---|---|
| 池袋西口校<br>03-5992-5901 | 池袋東口校<br>03-3971-1611 | 大森校<br>03-5746-3377 | 荻窪校<br>03-3220-0611 | 御茶ノ水校<br>03-3259-8411 |
| 木場校<br>03-6458-5153 | 吉祥寺校<br>0422-22-9211 | 三軒茶屋校<br>03-5779-8678 | 新宿校<br>03-3370-2911 | 立川校<br>042-548-0788 |
| 月島校<br>03-3531-3860 | 西日暮里校<br>03-3802-1101 | 練馬校<br>03-3994-2611 | 府中校<br>042-314-1222 | 町田校<br>042-720-4331 |
| 新百合ヶ丘校<br>044-951-1550 | たまプラーザ校<br>045-901-9101 | 武蔵小杉校<br>044-739-3557 | 横浜校<br>045-323-2511 | 大宮校<br>048-650-7225 |
| 川越校<br>049-277-5143 | 北浦和校<br>048-822-6801 | 志木校<br>048-485-6520 | 南浦和校<br>048-882-5721 | 蕨　校<br>048-444-3355 |
| 市川校<br>047-303-3739 | 千葉校<br>043-302-5811 | 船橋校<br>047-411-1099 | つくば校<br>029-855-2660 | 首都圏に29校舎<br>(今後も続々開校予定) |

# MYSTA

早稲田アカデミー 個別指導マイスタ

お問い合わせ・お申し込みは最寄りのMYSTA各教室までお気軽に!

| | | |
|---|---|---|
| 渋谷教室<br>03-3409-2311 | 池尻大橋教室<br>03-3485-8111 | 高輪台教室<br>03-3443-4781 |
| 池上教室<br>03-3751-2141 | 巣鴨教室<br>03-5394-2911 | 平和台教室<br>03-5399-0811 |
| 石神井公園教室<br>03-3997-9011 | 武蔵境教室<br>0422-33-6311 | 国分寺教室<br>042-328-6711 |
| 戸田公園教室<br>048-432-7651 | 新浦安教室<br>047-355-4711 | 津田沼教室<br>047-474-5021 |

# 「個別指導」という選択肢──

《早稲田アカデミーの個別指導ブランド》

MYSTA 早稲田アカデミー 個別指導マイスタ

早稲田アカデミー 個別進学館

## ○目標・目的から逆算された学習計画

マイスタ・個別進学館は早稲田アカデミーの個別指導ブランドです。個別指導の良さは、一人ひとりに合わせた指導。自分のペースで苦手科目・苦手分野の学習ができます。しかし、目標には必ず期日が必要です。そこで、期日までに必要な学習内容を終えるための、逆算された学習計画が必要になります。早稲田アカデミーの個別指導では、入塾の際に長期目標／中期目標を保護者・お子様との面談を通じて設定し、その目標に向かって学習計画を立てることで、勉強への集中力を高めるようにしています。

## ○集団授業のノウハウを個別指導用にカスタマイズ

マイスタ・個別進学館の学習カリキュラムは、早稲田アカデミーの集団授業のカリキュラムを元に、個別指導用にカスタマイズしたカリキュラムです。目標達成までに何をどれだけ学習するかを明確にし、必要な学習量を示し、毎回の授業・宿題を通じて目標に向けて学習し続けるためのモチベーションを維持していきます。そのために早稲田アカデミー集団校舎が持っている『学習する空間作り』のノウハウを個別指導にも導入しています。

## ○難関校にも対応

マイスタ・個別進学館は進学個別指導塾です。早稲田アカデミー教務部と連携し、難関校と呼ばれる学校の受験をお考えのお子様の学習カリキュラムも作成します。また、早稲田アカデミーオリジナルの難関校向け教材も、カリキュラムによっては使用することができます。

**好きな曜日!!**
「火曜日はピアノのレッスンがあるので集団塾に通えない…」そんなお子様でも安心!!好きな曜日や都合の良い曜日に受講できます。

**1科目でもOK!!**
「得意な英語だけを伸ばしたい」「数学が苦手で特別な対策が必要」など、目的・目標は様々。1科目限定の集中特訓も可能です。

**好きな時間帯!!**
「土曜のお昼だけに通いたい」というお子様や、「部活のある日は遅い時間帯に通いたい」というお子様まで、自由に時間帯を設定できます。

**回数も自由に設定!!**
一人ひとりの目標・レベルに合わせて受講回数を設定できます。各科目ごとに受講回数を設定できるので、苦手な科目を多めに設定することも可能です。

**苦手な単元を徹底演習!**
平面図形だけを徹底的にやりたい。関係代名詞の理解が不十分、力学がとても苦手…。オーダーメイドカリキュラムなら、苦手な単元だけを学習することも可能です!

**定期テスト対策をしたい!**
塾の勉強と並行して、学校の定期テスト対策もしたい学校の教科書に沿った学習ができるのも個別指導の良さです。苦手な科目を中心にテスト前には授業を増やして対策することも可能です。

**お子様の夢、目標を私たちに応援させてください。**

# 無料 個別カウンセリング 受付中

**その悩み、学習課題、私たちが解決します。**

個別相談時間 30分～1時間

勉強に関することで、悩んでいることがあればぜひ聞かせてください。経験豊富なスタッフが最新の入試情報と指導経験をフルに活用し、丁寧にお応えします。 ※ご希望の時間帯でご予約できます。お電話にてお気軽にお申し込みください。

**早稲田アカデミーの個別指導は首都圏に41校〈マイスタ12教室 個別進学館29校舎〉**

パソコン・スマホで MYSTA または 個別進学館 検索

# 大学受験も 早稲田アカデミーSUCCESS18

**中3生 必見!!**

## 難関大受験のスタートは 早稲田アカデミーSUCCESS18で

現役生難関大受験専門塾サクセスエイティーン

# 新高1春期講習会 無料

## さあ、4月からは憧れの高校1年生。

| 期間 | | | | |
|---|---|---|---|---|
| 学校別講座 | 3/1(火)▸3/21(祝) | 第2ターム | 3/26(土)▸3/29(火) |
| 第1ターム | 3/22(火)▸3/25(金) | 第3ターム | 3/31(木)▸4/3(日) |

※学校別講座は、校舎によって授業実施日が異なります。

## 最大24時間の講習会が無料で受講できます

早稲田アカデミーの大学受験部門であるサクセス18では、「私語の無い緊張感のある授業」「少人数制で発問重視の授業スタイル」「復習型の丁寧な講義」など、**早稲アカ伝統のスタイル**で、高校生のみなさんを強力にバックアップします。これから高校生になるみなさんがスムーズに高校生活のスタートを切ることが出来るように、サクセス18では**最大24時間を無料で受講できる春期講習会**をご用意しています。進度の速い高校のカリキュラムをきちんと理解しながら学習を進めていくためにも、早稲田アカデミーサクセス18で一足早いスタートを切りましょう。

### 難関大学合格のカギは高1からスタート!

高1で学習することが高2、高3でさらに発展していきます。扱う内容も中学の時よりも深く掘り下げて学び、「暗記ではなく思考」を重視した学習に変化していきます。さらに、高校は同じ入学試験を合格した同レベルの仲間達とのハイレベルな争いです。となれば、「先んずれば人を制す」です。春休みという高校入学前の大切な準備期間を利用して、ライバルよりも一歩リードしよう。

高1からの在籍で偏差値65以上の 早慶上智大 合格者の53%は 高校1年生のときには偏差値40〜50台だった。

高1から通って夢がかなった!

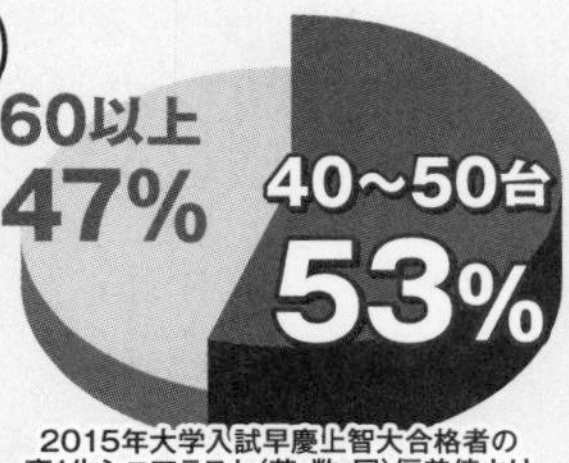


2015年大学入試早慶上智大合格者の高1生シニアテスト(英・数・国)偏差値より

**高校生対象**

# 医学部 現役合格

## 医学部受験専門エキスパート講師が生徒が解けるまでつきっきりで指導す だから最難関の医学部にも現役合格できる!

### 医学部という同じ目標を持つ仲間と切磋琢磨!
### 現役合格は狭き門。入試でのライバルは高卒生。

一部の高校を除き、医学部志望者がクラスに多数いることは非常に稀です。同じ目標を持つ生徒が集まる野田クルゼの環境こそが、医学部現役合格への厳しい道のりを乗り越える原動力となります。

また、医学部受験生の約70%は高卒生です。現役合格のためには早期からしっかりとした英語、数学の基礎固めと、理科への対応が欠かせません。

■医学部受験生の割合

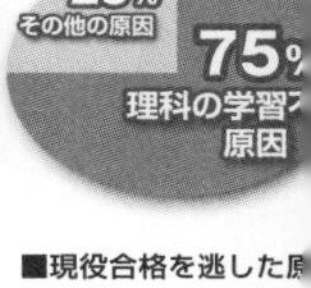


■現役合格を逃した

**Point 1** 一人ひとりを徹底把握 **目の行き届く少人数指導**

**Point 2** 医学部専門の **定着を重視した復習型の授業**

**Point 3** 受験のエキスパート **東大系主力講師陣**

**Point 4** いつでも先生が対応してくれる **充実の質問対応と個別指導**

**Point 5** 推薦・AO入試も完全対応 **経験に基づく万全の進路指導**

**Point 6** 医学部の最新情報が全て **蓄積している入試データが桁**

## From Editors

新年を迎えました。3年生はいよいよ受験直前期。人生で一度きりの高校入試、悔いの残らないように頑張ってください。今月号では受験期の過ごし方や勉強方法のポイントを特集しましたので、本番に備えてチェックしてください。もう1つの特集では、中学生が受けられる検定試験を紹介しました。今回は教科学習に結びつくような検定を多く載せましたが、世の中にはそのほかにもお寺検定、太宰治検定、日本さかな検定、似顔絵検定など、色々とユニークな検定がたくさんあります。なんだか、挑戦するのが楽しそうだと思いませんか？　受験勉強も検定対策の勉強も、楽しみながら学ぶ気持ちを忘れずに取り組んでください。　(H)

## 2月号

## Information

『サクセス15』は全国の書店にてお買い求めいただけますが、万が一、書店店頭に見当たらない場合は、書店にてご注文いただくか、弊社販売部、もしくはホームページ(下記)よりご注文ください。送料弊社負担にてお送りします。定期購読をご希望いただく場合も、上記と同様の方法でご連絡ください。

## Opinion, Impression & etc

本誌をお読みになられてのご感想･ご意見･ご提言などがありましたら、ぜひ当編集室までお声をお寄せください。また、「こんな記事が読みたい」というご要望や、「こういうときはどうしたらいいの」といったご質問などもお待ちしております。今後の参考にさせていただきますので、よろしくお願いいたします。

## サクセス編集室お問い合わせ先

TEL 03-5939-7928
FAX 03-5939-6014

高校受験ガイドブック2016 2 サクセス15

発行　2016年1月15日　初版第一刷発行
発行所　株式会社グローバル教育出版
〒101-0047 東京都千代田区内神田2-4-2
ＴＥＬ　03-3253-5944
ＦＡＸ　03-3253-5945
http://success.waseda-ac.net
e-mail　success15@g-ap.com
郵便振替　00130-3-779535
編集　サクセス編集室
編集協力　株式会社 早稲田アカデミー



## Next Issue　3月号

### Special 1

高校入試の基本
まるわかりガイド

### Special 2

時事ワードから
2015年を振り返る

### SCHOOL EXPRESS

慶應義塾高等学校

### FOCUS ON

神奈川県立光陵高等学校

※特集内容および掲載校は変更されることがあります